A VIDA SECRETA
DOS PROFISSIONAIS

DURANTE E DEPOIS
DO EXPEDIENTE

SUELY CÂNDIDO
COM CRISTINA HEBLING CAMPOS

A VIDA SECRETA DOS PROFISSIONAIS

DURANTE E DEPOIS DO EXPEDIENTE

Copyright© 2012 by Editora Ser Mais Ltda.
Todos os direitos desta edição são reservados à Editora Ser Mais Ltda.

Capa: Guilherme Xavier
Projeto Gráfico: Érico Pimenta de Sá
Presidente: Mauricio Sita
Revisão: Cristina Hebling Campos
Diretora de Operações: Alessandra Ksenhuck
Diretora Executiva: Julyana Rosa
Relacionamento com o cliente: Claudia Lima
Impressão: Imprensa da Fé

Dados Internacionais de Catalogação na Publicação (CIP)
(Câmara Brasileira do Livro, SP, BRASIL)

A vida secreta dos profissionais durante e depois do expediente / Autoras: Suely Cândido e Cristina Hebling Campos - São Paulo: Editora Ser Mais, 2012.

Bibliografia.
ISBN 978-85-63178-36-7

1. Recursos Humanos. 2. Carreira profissional - Desenvolvimento. 3. Treinamento e Desenvolvimento. 4. Sucesso profissional. 5. Mercado de Trabalho – Administração I. Título.

CDD 658.3

Índices para catálogo sistemático:
1. Recursos Humanos. 2. Carreira profissional - Desenvolvimento. 3. Treinamento e Desenvolvimento. 4. Sucesso profissional. 5. Mercado de Trabalho – Administração I. Título.

Editora Ser Mais Ltda
Av. Rangel Pestana, 1105, 3º andar
Brás – São Paulo, SP – CEP 03001-000
Fone/fax: (0**11) 2659-0968
Site: www.editorasermais.com.br
e-mail: contato@revistasermais.com.br

Dedico este livro a Denise e Marcelo, meus filhos.

Dedico também a todas as pessoas que deliciosamente participam do meu mundo **NÃO TÃO** secreto, enriquecendo-me com vivências inesquecíveis.

SUMÁRIO

CAPÍTULO 1: Apresentação — 13
O que o *headhunter* gostaria de ouvir de um candidato? — 14
Como nasceu este livro

CAPÍTULO 2: Principais Tópicos deste Livro — 19
O que o leitor precisa saber sobre Suely Cândido — 20
Como foi escrito e quem deve ler este livro
Por que mantemos conteúdos "secretos": vantagens e desvantagens
A importância de eliminar projeções na contratação de pessoas
Sobre Cristina Hebling Campos

CAPÍTULO 3: Relatórios e Contos — 39
Relatório Um: GERENTE DE UNIDADE DE NEGÓCIO — 40
Conto: As Três Negociações por Kiko — 43
Conto: Meu Nome é *Vaninski, Lushka Vaninski* por RADC — 47

Relatório Dois: SUPERVISOR DE PRODUÇÃO — 50
Conto: www.confissoesdiarias.com.br
por Danilo Marmo — 51
Conto: Mauricio, Eduardo e o Coelhinho
por Márcia Montagna Assim — 55

Relatório Três: DIRETOR ADMINISTRATIVO E FINANCEIRO — 58
Conto: A Quinta Coluna por João Batista Natalie — 61
Conto: Ser Humano... por Rodolpho de Oliveira Estece — 63

Relatório Quatro: ENGENHEIRO MECATRÔNICO — 66
Conto: Dia Normal de Trabalho? por Marcelo Aires — 68

Relatório Cinco: GERENTE DE LOGÍSTICA — 70
Conto: Não aguento mais? Nunca mais! por Francisco Sérgio Cirilo — 74
Conto: Miopia Logística por Luis Cláudio Pontmercy — 80

Relatório Seis: AUXILIAR DE ESCRITÓRIO   84
Conto: Ser Humano – Lado "B" por Djalma Chiaverini Filho   85
Conto: A Keytti por Paulo Vasco   90

Relatório Sete: ASSISTENTE DA QUALIDADE   106
Conto: O Rapper por José Kfouri   107

Relatório Oito: ASSISTENTE DE COMUNICAÇÃO   113
Conto: A Entrevista por Cristina (Tita) Ancona Lopez   114
Conto: Puro Êxtase por Eliana "Puro Êxtase"   116

Relatório Nove: ASSISTENTE DE LUTHIER   119
Conto: Encontrando Lola: Confissões de um Candidato
por Cristina H. Campos   121

Relatório Dez: ESTAGIÁRIA DE RECURSOS HUMANOS   127
Conto: Livre, Leve e Solta por Catherine e Ludovic Von Haus   129
Conto: A Viagem – Liberdade Dourada! por Mércia R. Kobo   130

Relatório Onze: GERENTE COMERCIAL   133
Conto: A Oscilante por Jaime Leitão   135
Conto: E Vai Rolar a Festa por Cacilda Gonçalves Velasco   137

Relatório Doze: ASSISTENTE DE FATURAMENTO   141
Conto: Pelada da Silva por Danilo Marmo   142
Conto: Maria Rita por Danilo Marmo   144

Relatório Treze: DIRETOR DE CRIAÇÃO E ARTE   150
Conto: Claro que sou Criativo! por Walter Ribeiro   155

Relatório Quatorze: GERENTE DE COMUNICAÇÃO
E MARKETING   162
Conto: Grilo na Cuca por Suely Cândido   165
Conto: Conversa de Bar por Djalma Chiaverini Filho   169

Relatório Quinze: SUPERVISOR ADMINISTRATIVO DE VENDAS 176
Conto: Yesssss... essa vaga será minha! por Paulo Sigaud 177

Relatório Dezesseis: SECRETÁRIA EXECUTIVA BILÍNGUE 183
Conto: A Secretária por Bárbara Leon 184
Conto: Conto da Estrada por Paulo Vasco 187

Relatório Dezessete: GESTOR DE RECURSOS HUMANOS 190
Conto: Nívea por Nadia Ribeiro 195
Conto: Destino Diversão por Dilson Cavalcante 199

Relatório Dezoito: VENDEDORA DE LIVROS 203
Conto: Mei por Marília Moschkovich 206
Conto: Eu Sei, mas não Falo! por Cristina (Tita) Ancona Lopez 212
Conto: Comunicação Não Verbal por Empresário Anônimo 215
Conto: As Mil e Uma Noites por Suely Cândido 220

CAPÍTULO 4: Nossas "esquisitices" 223
Se todos possuem "esquisitices", por que tanto esforço para escondê-las?
Pesquisa: O que você jamais falaria numa entrevista de emprego?

CAPÍTULO 5: Sugestão 243
O que mudar numa entrevista de emprego, no processo seletivo, nas nossas vidas?

Posfácio 247

Agradecimentos

*O capital humano é o diferencial
que eleva as organizações do presente
à condição de empresas do/de futuro.*

A gradeço a todas as pessoas que me sensibilizam para a importância de conhecer o ser humano e assim poder sentir sua extrema beleza e complexidade.
Agradeço também aos milhares de candidatos que entrevistei ao longo dessas quase duas décadas. Suas histórias despertaram em mim a vontade de fazer alguma coisa para promover e reconhecer a imaginação como uma faculdade crucial para o sucesso do ser humano como empreendimento.
Agradeço aos meus clientes que, como solicitantes das vagas que venho trabalhando, se abriram e me deixaram ver como lidam com o grande desafio de administrar pessoas. Muito carinho a todos esses empreendedores que me deram a chance de conhecer e participar das suas histórias e, dessa forma, fortalecer uma fé quase ilimitada

no ser humano. Se não fossem vocês, como eu poderia saborear o fato de que somos o grande diferencial que garante o futuro de qualquer empreendimento?

Quanto aos autores dos contos deste livro, quero deixar registrada minha profunda admiração pelo modo como deixaram se contagiar e se envolver com meu projeto, pela riqueza imaginativa e a seriedade. Foi por acreditar na diversidade e na possibilidade de evolução humana que os autores construíram narrativas que, através de linguagens lúdicas, apontam para a superação de complexos desafios que envolvem as vidas das pessoas, no trabalho e também fora dele.

Agradeço a todos que contribuíram, direta ou indiretamente, sabendo ou não, querendo ou não, para a realização deste livro e, em especial, aos profissionais anônimos que generosamente responderam à pesquisa com a pergunta: "O que você jamais falaria numa entrevista de emprego".

E a Cristina Hebling Campos, meu muito obrigado pelo empenho, confiança, carinho, amor, amizade e dedicação! Estou muito feliz pelos textos todos que foram surgindo através da nossa interação internáutica. Ela, lá do outro lado do mundo (Katmandu/Nepal), meditando diante das altas montanhas da terra, e eu aqui, no alto do meu prédio em Perdizes, entrevistando candidatos.

Em nome de todos os autores, agradeço também a você, leitor. Saiba que cada episódio foi criado com a intenção de inspirar melhores práticas na seleção, admissão e integração através do reconhecimento da riqueza que guardamos secretamente.

Fica o convite para que interaja conosco através do site: http://www.duranteoexpediente.com.br.

Conto com sua participação!

CAPÍTULO 1

Apresentação

Fechei os olhos e pedi um favor ao vento.
Leve tudo que for desnecessário.
Estou cansada de bagagens pesadas.
Daqui para frente somente o que couber
no bolso e no coração.
Cora Coralina

- **O que o *headhunter* gostaria de ouvir de um candidato?**
- **Como nasceu este livro.**

O que o *headhunter* gostaria de ouvir de um candidato?

Que você é o profissional perfeito para a vaga em questão. Simples assim.

Mas não é tão fácil como pode parecer a princípio.

Você, candidato ou candidata a alguma vaga de trabalho, que telefona tentando me comover dizendo que "precisa urgente arrumar um novo emprego", "que é mãe (ou pai) de família", "que precisa pagar a faculdade", "que mora sozinha (o) em São Paulo e depende desse salário pra sobreviver", "que tem mais de 50 anos e necessita de uma chance pra concorrer com os mais jovens", ou, ainda, você que se apresenta elegantemente e justifica seu interesse em deixar a atual empresa "porque está em busca de novos desafios", mas que na maioria das vezes está mesmo é de saco cheio do seu chefe, ou não se relaciona bem com seus colegas de trabalho, você tem alguma ideia de como funciona o trabalho do headhunter?

Definitivamente perca o seu medo de nós, profissionais especializados em Recrutamento e Seleção de Talentos Profissionais, e relaxe, pois somos pessoas iguais a você. Sofremos as mesmas pressões – se não piores. Também temos que cumprir metas de produtividade e faturamento. E o que é o pior (ou melhor, dependendo do ponto de vista): temos vários chefes e atuamos para várias empresas. Pois trabalhamos diversas vagas ao mesmo tempo, e também temos que cumprir com nossos compromissos profissionais e ganhar dinheiro – independente de sermos quem somos ou dos problemas pessoais que possamos ter.

E, acima de tudo, o "produto" que selecionamos e vendemos é você! Que não vem com manual de instruções, que está sujeito a alterações no seu comportamento em função da sua fisiologia (flutuações hormonais, doenças etc.), do ambiente em que você está inserido (amigável/inclusivo ou hostil/selvagem, por exemplo) e também da forma como você interpreta uma situação que vivencia e transforma em sentimentos. Esses sentimentos precedem e são os responsáveis pelas suas ações ou atitudes no ambiente de trabalho. Perceba isso.

Então não é fácil mesmo!

Enfim, somos trabalhadores como você, mas dependemos também de você! Das suas competências, do seu relacionamento intra e interpessoal e da maneira como põe foco no trabalho orientado para resultados. Essas variáveis é que determinarão o reconhecimento do nosso trabalho de seleção e indicação de profissionais. Ou seja, se você não for realmente um ótimo profissional, o cliente que nós batalhamos para conquistar e, principalmente, fidelizar/reter, não contratará novamente o nosso serviço. Agora você tem ideia do quanto dependemos de você? Quanto você é importante para nós?

Há quase duas décadas entrevisto profissionais do nível técnico até o nível de diretoria. Já entrevistei milhares de profissionais. Mas ainda me surpreendo com a sinceridade de algumas pessoas – e é exatamente isso que faz com que eu não enjoe da minha atividade. Ela continua sendo estimulante.

Também nesses quase vinte anos de experiência tive a oportunidade de trabalhar para empresas de diversos segmentos, portes e nacionalidades. E, pasme! Essas empresas que contratam os meus serviços de headhunter também têm profissionais trabalhando nelas, nos mais altos níveis hierárquicos inclusive, iguaizinhos aos que eu entrevisto diariamente. Ou seja, quem contrata meus serviços é gente também como você. Percebe?

Isso significa que estou cercada de pessoas por todos os lados! E com inúmeras histórias!

Daí surgiu a ideia deste livro.

Nem empregador nem candidato à vaga de emprego é uma máquina programada para funcionar das 8 às 18 horas apenas como profissional. Somos todos muito mais do que isso. E eu não consigo olhar as pessoas apenas com o foco no papel profissional. Às vezes me pego pensando: como será essa pessoa na sua intimidade? Como foi a vida dela para que se tornasse do jeito que é hoje? Já me fiz essas perguntas por várias vezes e cheguei à conclusão que todo mundo tem curiosidade sobre a vida de todo mundo, não é mesmo? Então fui amadurecendo aos poucos a ideia deste livro de contos sobre o que poderia ser a vida secreta de alguns profissionais. Reuni uma equipe de amigos e passei para eles alguns relatórios das entrevistas que realizo e encaminho para as empresas clientes. Estes relatórios, veja bem, são construídos para "vender" o candidato ao meu cliente. Então solicitei aos meus amigos um exercício de imaginação: escrever um pequeno conto pra dar uma vida secreta para aquela pessoa que se apresentou para mim como profissional. O resultado está aqui. É surpreendente constatar como somos todos parecidos também na intimidade. Ou não... E considero bacana isso. Você irá tirar as suas conclusões depois de lê-lo.

Também desenvolvi uma pesquisa entre profissionais anônimos perguntando o que eles não diriam numa entrevista de emprego. Penso que é confortante ler o resultado da pesquisa. Você vai poder constatar que todos nós profissionais temos fragilidades supostamente inconfessáveis e que, na maioria das vezes, são banais. Em outras ocasiões, são bastante complexas e envolvem muito sofrimento. Então decidi publicar os resultados para que todos possam vivenciar a experiência de analisar o tipo de conteúdo que tentamos manter em segredo.

E voltando à pergunta inicial: o que o headhunter gostaria de ouvir de um candidato? Tentarei explicar rapidamente.

Queremos ouvir que você é comprometido com seu autodesenvolvimento (estudos), com sua carreira e se comprometerá com a empresa em que estiver trabalhando. Constatamos isso através dos cursos que realiza e da sua estabilidade e evolução (horizontal ou vertical) nas empresas em que trabalha.

Comprometido também com a sua família, com a sua vida afetiva, com os amigos, com os exercícios físicos e a saúde, com o lazer e a cultura. Esse é um aspecto bastante subjetivo que procuramos analisar, mas ficamos atentos ao conjunto de "sinais" que você deixa transparecer. Vitalidade é a palavra chave para esta questão.

Que você é uma pessoa ética, inteligente, bem resolvida com você mesma, com o mundo e com as outras pessoas. Que você é uma pessoa bem humorada, porque ninguém tolera trabalhar com gente chata, encrenqueira, que é resiliente (a competência da moda no momento), competitiva, com boa visão sistêmica, boa solucionadora de problemas, autoconfiante, automotivada, com agilidade para aprender, aberta a inovações, pró-ativa e dinâmica – entre tantas outras exigências que constam nas descrições comportamentais e de cargo que as empresas nos fornecem.

Numa entrevista de emprego você terá que me PROVAR, citando EXEMPLOS CONCRETOS de SITUAÇÕES VIVENCIADAS NO SEU PASSADO PROFISSIONAL, que você realmente é essa pessoa que desenvolveu essas competências. Fique esperto pra isso! Palavras são palavras, preciso de exemplos de ação pra acreditar em você. E seja rápido e objetivo para relatar tudo isso, caso contrário chamo o próximo candidato. Ou seja, "a fila anda". E rápido.

Também preciso que você seja estável nos empregos (dois anos, em média, para cada empresa, no mínimo) e que tenha uma carreira ascendente. Que se apresente com educação e simpatia. Que tenha uma boa argumentação e apresentação pessoal. Se for possível, que seja sempre jovem – ou, então, com muita vitalidade e flexibilidade. Sem falar no quesito IDIOMAS, com fluência no idioma inglês, que é ainda o mais solicitado.

Agora você está me perguntando: como ser tudo isso e ainda ser jovem? Não sei. Não descobri a fórmula mágica, mas não deve ser tão difícil assim, pois ALGUNS profissionais conseguem – SÓ NÃO SEI A QUE CUSTO! E isso já é assunto para um próximo livro. Neste aqui o objetivo é imaginar possíveis vidas secretas e interessantes para alguns profissionais, que num dia estão na condição de requisitantes da vaga, em outro, podem estar como candidatos.

"O mundo dá muitas voltas" e algumas bastante inesperadas...

Lembre-se sempre disso antes de portar-se de forma antipática, arrogante ou deselegante com algum colega de trabalho. Porque somos todos profissionais, mas antes disso somos todos seres humanos e nossas vidas pessoais são todas parecidas... ou não. Isso é que é bacana, não é mesmo? A diversidade é uma característica que também deve ser valorizada. Afinal, não somos meros robôs. Ainda bem.

Espero que você se divirta.

CAPÍTULO 2

Principais Tópicos deste Livro

> Existe alguém mais sábio
> do que aquele que aprende
> com a experiência dos outros?
> **Voltaire**

- *O que o leitor precisa saber sobre Suely Cândido.*
- *Como foi escrito e quem deve ler este livro.*
- *Porque mantemos conteúdos "secretos": desvantagens e oportunidades.*
- *A importância de eliminar projeções na contratação de pessoas.*
- *Sobre Cristina Hebling Campos.*

Suely Cândido teve a ideia inovadora de enviar relatórios de entrevista para alguns escritores. Seu pedido foi para que criássemos um personagem baseado nos dados do relatório de entrevista que recebemos e lhe déssemos uma vida secreta em formato de conto.

Logo que recebi o convite, o conto brotou na minha mente. Eu estava no Nepal, frequentando cursos de filosofia budista. Coincidentemente, estou escrevendo esta introdução no mesmo local, a leste de Katmandu, numa ligeira elevação. Da varanda do meu quarto avisto a cidade e, na cobertura do monastério, tenho uma visão panorâmica do vale rodeado pelas altas montanhas. É tão lindo que fica difícil descrever toda essa maravilha.

Na época, quatro anos atrás, além de estudar, eu também estava em contato com as pessoas e a cultura local, e o personagem do conto que escrevi foi inspirado na vida de um profissional nepalês que vivia inseguro e envergonhado cuidando da mãe alcoólatra. Eu o conhecera numa viagem anterior. No entanto, em meio a tantos detalhes culturais diferentes, não havia dado conta do seu drama secreto. Quando nos reencontramos, de repente, a bolha explodiu. Ele estava já havia alguns dias procurando a mãe pela cidade, angustiado, e eu, sem querer, querendo, perguntei: como você está? Atuar como terapeuta nem sempre tem hora e local definido. Faz parte da vida. Sua resposta me surpreendeu. Foi uma confissão tão dolorida! Vinha lá do fundo sem que ele conseguisse controlar.

O leitor vai encontrar o conto e conhecer um pouco desse drama. Então não vou me alongar. Só queria dizer que essa confissão fez toda a diferença na vida desse profissional. Daqui a alguns dias eu irei jantar em sua casa, e é a primeira vez que uma pessoa de fora da família está sendo convidada. Há seis meses a mãe não bebe. Segundo esse meu amigo, aquele dia em que começou a contar o seu drama representou um marco. A partir daí algo mudou dentro dele. Começou a imaginar como seria a vida sem tal drama. Colocou o foco em si mesmo. Para que ocorra a mudança, isso é essencial!

Pois é, contar segredos tem suas vantagens. Diante dessa experiência, comecei a ficar curiosa em relação ao que havia acontecido com os outros autores. Pedi e Suely enviou os arquivos que estavam parados no seu computador por falta de tempo de elaborá-los. Conforme fui lendo, comecei a querer ver o livro publicado. Foi assim que me envolvi na organização e redação do livro. Foi como no velho ditado: "falou alto no corredor, virou síndico". Pois é!

Agora vou relatar aqui algumas particularidades para que você, leitor, possa conhecer um pouco do jeitinho habilidoso que a Suely utiliza para encontrar os profissionais para os clientes da Definite e como os provoca para que integrem seus talentos secretos em suas vidas.

Trabalho como terapeuta e coach, e conheci Suely num dia intenso em São Paulo. Ela solicitara uma visita à sua empresa. Naquela tarde, logo de entrada, pude sentir, além do ambiente minuciosamente acolhedor, a sua presença marcada por uma postura alegre e entusiasmada. Seu jeito de ser chamou a atenção em especial por uma peculiaridade: sua fala vinha sempre recheada por expressões que, além do toque de bom humor, traziam à tona, com sutileza, desejos e hábitos normalmente inconfessáveis.

Esses pequenos e saudáveis breaks fazem com que algo lá do fundo possa vir à tona. E quando algo assim vem à luz, sentimos um relaxamento no corpo, no sistema emocional, vivenciamos uma sensação de paz e felicidade, e conseguimos olhar tudo através de ângulos diferentes. Essa habilidade que Suely possui e exerce, mesmo em ambientes empresariais acelerados, torna-a uma pessoa muito especial.

Voltando àquele dia, foi a primeira vez que entrava em contato direto com o que foi, no passado, a chamada "agência de emprego". Totalmente repaginada, pude ver que a antiga agência cedeu lugar à consultoria antenada, que não se restringe mais ao papel de intermediar a "mão de obra", ou seja, a "caçar" o profissional lucrativo. Hoje, essas consultorias continuam a desempenhar um papel importantíssimo na identificação do profissional "certo" para ocupar a posição estratégica. Mas também buscam desempenhar o papel de intervir na valorização do capital humano, promovendo em alguma medida uma remodelagem comportamental tendo em vista o aumento do bem estar em geral, e da competitividade em especial. Esta é a grande novidade! Pois é. Parecia coisa de sonho. Se você está pensando que essas considerações vêm de certa ingenuidade, confesso que, às vezes, quando ouço reclamações sobre o mundo profissional, tenho também a impressão de estar iludida. Mas, em seguida, penso, as mudanças demandam tempo e exigem que nos coloquemos a seu favor com todo o entusiasmo de que dispomos. Pois nada acontece sem que coloquemos considerável dose de esforço continuadamente. Temos que, muitas e muitas vezes, descer até o fundo do nosso coração, reavivar nosso entusiasmo e submergir trazendo conosco o frescor e a genuinidade que toda mudança profunda exige.

Saí da consultoria com a sensação de ter estado num verdadeiro oásis, tendo em vista os ambientes profissionais com os quais estava acostumada. Com simplicidade, bom senso e habilidade, Suely sabe fazer vir à superfície conteúdos que normalmente pensamos esconder. Numa conversa com ela, qualquer um acaba se sentindo um pouco mais "humanizado". Contar histórias vividas trivializando certos aspectos que normalmente costumamos ocultar é uma arte realmente brilhante que desperta uma sensação mágica de sanidade. Parece inocente, juvenil, mas no mínimo exige sabedoria e coragem. Dizer, ao iniciar uma reunião, "estou com frio na barriga", do jeito que ela faz, gera uma liga incrível entre os participantes! Provocar, sem inibir, driblando falsos pudores ou vulgaridade, esta é sua arte.

Então, não foi surpresa que o convite que fez a mim e a outros escritores para que escrevessem sobre a vida secreta dos profissionais tenha obtido total retorno, com grande qualidade!

É muito gostoso tornar público o imaginário que normalmente nos proibimos de expressar! Produzimos comunicação interior todo o tempo. Mas uma parte deste conteúdo é tratada como secreta. Por algum motivo fica contida. Algumas vezes é importante reter certos conteúdos. Quando estamos criando algo, à semelhança do bebê na barriga, ele deve ficar lá dentro até estar pronto, caso contrário não sobreviverá. O bebê está protegido. Sem estar secreto. A barriga estufa, o corpo da mulher grávida muda e todos podem ler esses sinais. Da mesma forma, outras criações precisam estar protegidas dos olhares, da luz exterior, de tudo que poderia molestar seu desenvolvimento.

Mas muitos conteúdos são contidos por outros motivos. Muitas vezes também genuínos. Outras vezes nem tanto. Nestes casos algo nos faz cegos àquilo que, dito com uma expressão popular, coisa do tempo dos avós, é tão óbvio: "é tudo farinha do mesmo saco". No fundo sabemos que nossa produção secreta não é segredo. Por exemplo, temos fantasias sexuais, com maior ou menor frequência. Sabemos que os outros também produzem fantasias. Mas, com rara exceção, encobrimos o fato a sete chaves e vestimos o manto da castidade. Outro fato amplamente conhecido é que quase todas as fantasias são em essência muito parecidas, mas as guardamos como se fossem pedras preciosas e raríssimas!

Quando estamos **atentos** à comunicação, percebemos claramente, através da lógica, da dedução, da inferência ou da intuição, os seguintes pontos.

1. *Percebemos o que revelamos voluntariamente.*
2. *Percebemos o que revelamos de modo subentendido.*
3. *Sabemos que temos o poder de manipular a comunicação jogando o dito com o não dito.*
4. *Também distinguimos muito bem o que os outros revelam de modo subentendido, se tomam o dito pelo não dito, ou não.*

Só que boa parte do tempo esquecemos completamente que dominamos essas habilidades.

O que acontece? Por que "viajamos"?

Porque todos talvez estejamos demasiadamente habituados a esconder nossas cabeças na areia, na esperança de que não nos vejam. Pode rir! Pode ser simples assim! E o pior, ou melhor, é que sempre tem alguém ou situação que aponta para o corpão de fora. Talvez nossa forma de sobreviver à consciência do ridículo seja alimentando ainda mais a tal da vida secreta, como a criança que enfia a cabeça no colo da mãe e se sente temporariamente protegida, quem sabe pensando: mantendo segredo, tudo pode!

Era o caso do meu amigo nepalês. Ele escondia a família e achava que ninguém percebia nada. Achava que estava protegido. Quantas vezes nos negamos a compartilhar nossas vidas por sentirmos vergonha! O outro lado dessa vergonha é o orgulho. Se os outros souberem do meu lado B, como ficará o lado A? E todos possuem um lado B.

Também pode ser que muitas vezes neguemos revelar estes conteúdos "secretos" por um senso de genuíno pudor. Pudor? Sim. Pudor positivo. Algo que vem lá do fundo do coração, dos ossos, das entranhas, dos porões, de alguma parte do nosso ser que sussurra:

"PARE UM POUCO, POR FAVOR"!

Como se algo lá do fundo lembrasse que não existe nenhuma nobreza em manter a mente ocupada pensando, pensando, pensando, enquanto o corpão fica à mostra, revelando tudo!

Quantas vezes não nos pegamos pensando no que o outro estaria pensando que estamos pensando a seu respeito, e assim por diante. Ridículo, né! E está sempre estampado na nossa expressão que lá dentro estamos nessas elucubrações. Só não vê quem não quer, não é mesmo?

Algo dentro de nós sabe que mantemos nossas mentes continuadamente ocupadas com muita tagarelice simplesmente porque não temos controle. Quanto tempo é gasto com falatório mental que não adiciona nada, pelo contrário, rouba nossa vitalidade e não produz nem um grama de felicidade? Nem para nós nem para os outros, muito menos para o ambiente. O resultado é negativo.

Com essa condição de mente, não temos agilidade e destreza para tornar nossas vidas significativas, ter objetivos mais profundos, aqueles tais objetivos que guardamos lá "no fundo do coração". Quando usada desta forma, esta joia preciosa que é a mente acaba tendo um papel significativamente negativo em nossas vidas. Exatamente por guardar tantas coisas, tantas histórias, memórias, sentimentos, mágoas, fantasias, posicionamentos e muitas coisas mais, pelo simples fato de estar totalmente ocupada, não sobra espaço para nós. Como assim? Porque não conseguimos ter o comando que de alguma maneira sabemos que precisamos ter.

Necessitamos estar no comando da mente para cultivar a felicidade que desejamos.

Muitas vezes, queremos serenar, diminuir a tagarelice e, não conseguindo, damos conta que temos uma mente completamente não educada. Essa tomada de consciência é muito importante e é o primeiro passo para a mudança! Pode nos levar à decisão de diminuir a tagarelice e fazer com que passemos a analisar melhor esses conteúdos que guardamos. Manter algo em segredo não é problema. Seria muito ruim se não pudéssemos ter essa liberdade de segredar coisas. Mas é muito ruim quando estamos condicionados a segredar, e não conseguimos romper com esse padrão quando queremos. Não poder usar a liberdade de escolher o que segredar e o que comunicar. Para entender melhor essa colocação, basta lembrar a condição do alcoólatra. Quando a pessoa perde o poder de decidir se vai beber ou vai fazer qualquer outra coisa, ela está com um sério problema, presa a esse hábito que se torna pernicioso, um vício.

Da mesma forma, o que estou colocando obedece à mesma lógica. Precisamos nos curar do hábito de manter certos assuntos cronicamente em segredo enquanto outros assuntos necessariamente são expressos. Estou apontando para a vantagem de cultivar maleabilidade em relação ao que guardamos e ao que expressamos. Para ganhar essa maleabilidade, é preciso desenvolver controle sobre a mente. Isso só se atinge com treinamento.

Tendo participado de muitos treinamentos em várias tradições, científicas, espiritualistas, comportamentalistas, vários istas... , o que percebo, quando estou observando minha mente, é que para ganhar uma trégua na tagarelice são necessários basicamente dois requisitos. Bondade e Sabedoria. As duas juntas. A bondade, o amor, a compaixão são qualidades que precisam ser desenvolvidas, pois delas depende a habilidade para conduzir a mente corretamente. Comandos rígidos não funcionam porque nos escravizam. E é preciso cultivar a sabedoria que indica o caminho a seguir e a meta a ser alcançada. Como quando montamos um cavalo, é preciso saber para onde ir e ter habilidade para manter as rédeas com a tensão correta, nem muito apertadas nem muito frouxas. Seguindo esta linha de raciocínio, muitas vezes, a maneira mais inteligente de treinar a mente é tornando a tagarelice útil. Levá-la a sério sem nos deixarmos dominar por ela.

Quando estamos atentos aos dois requisitos, conseguimos responder ao apelo deste lugar místico que chamamos "do fundo do nosso coração" ou dos ossos, ou da alma, seja lá o que for, ou não for, não interessa o nome do lugar, nesses momentos supremos, por algum tempo, conquistamos uma trégua maravilhosa e restauradora!

E chegamos à tese que vamos procurar demonstrar neste livro. O secreto, quando revelado, para nós mesmos, ou para o outro, é extremamente útil!

Os contos e as respostas à pesquisa (o que você não falaria numa entrevista de emprego?) apontam para a mesma direção. Eles mostram que devemos topar o desafio de reavaliar nosso hábito de tagarelar interiormente e manter nossa produção secreta. Não podemos reter nosso poderoso repertório interior como guardamos coisas no quartinho de despejo. Conflitos, conversas internas, representações, sonhos, fantasias, sensações e sentimentos esparsos, tudo pode trabalhar no sentido de valorizar nossa comunicação e nossa vida. Então, por que continuar escondendo nossas riquezas?

Não defendemos a ideia de que devemos sair despejando nos ambientes tudo que nos vem à mente. Não, de modo algum. Quando fazemos isso é porque estamos com a mente tão lotada que simplesmente não conseguimos reter mais nada. Limpar a mente não significa despejar conteúdos aleatoriamente. Fazer faxina na mente exige interiorização e o firme propósito de cultivar um estado de mente serena, pacífica e descomplicada. Não adianta fazer faxina e jogar o lixo no ambiente. Preste bem atenção a isso se não quiser ser multado ou criticado pelos ambientalistas! Desculpe, mas às vezes é bom brincar. E é muitas vezes na brincadeira que quebramos os velhos padrões da nossa mente.

Voltando ao livro, quando li os contos que surgiram do desafio que Suely lançou aos amigos escritores, percebi que eles estimulam o leitor a se aventurar nessa espécie de faxina.

Alguns contos são extremamente concisos e vão direto ao ponto. Um exemplo é "Livre, Leve e Solta", onde, com uma ilustração, os autores contam tudo. A personagem simplesmente desce do carro, agacha e faz xixi na beira da estrada. Incrível a capacidade de síntese destes dois amantes! ! Precisei de todo um capítulo do livro para dizer o que eles mostram com uma ilustração! Já o conto "A Viagem – Liberdade Dourada" coincidentemente também retrata uma moça que faz xixi em público com ótimo humor, ficou muito legal.

Algumas narrativas são picantes, como "As Três Negociações", conto que abre o próximo capítulo. Nele, sexo, trabalho, negócios, dúvidas e desejos se misturam. Há outros contos muito bons. O do psicopata dos coelhos é um deles. É desconcertante. Em www.confissoesdiarias.meublog.net.br, o personagem comparece às entrevistas de emprego para selecionar suas vítimas. Ela não sabe, mas está sendo entrevistada e talvez seja a próxima escolhida. Este conto vem em formato de blog. Vamos dar uma lida num trecho:

"Ao tomar banho, já sentia que seria um dia especial. Mais que isso, pressentia que encontraria uma candidata perfeita. E ela achando que o candidato era eu! Mas a entrevista de emprego correu bem. Apresentei um currículo novo, com outro nome para variar. Dessa vez eu quis ser Maurício. Enquanto ela avaliava 'Maurício', eu avaliava se sua pele seria macia o suficiente. Se há algum leitor nesse blog, bem sabe que na verdade não trabalho pelas manhãs e que, de tempos em tempos, faço uma entrevista de emprego. Cada vez com um nome, cada vez com um currículo, cada vez com um desejo. É o que costumo chamar de "dia da caça", não sei por que".

Este conto lembra aqueles profissionais que estão sempre indo para entrevistas e nunca se empregam ou, se estão empregados, nunca mudam de emprego. Também é um conto picante, mas não vou contar o porquê senão perde a graça. Vale mencionar que a trama é rica em significados, tendo o poder de nos fazer recordar desejos e medos que pensávamos estar esquecidos.

Todos os contos são brilhantes e cumprem perfeitamente o papel de nos alertar sobre como nos ludibriamos mentalmente lançando mão de diversos estratagemas. Aliás, chamamos nossa mente de "mente" porque sabemos que ela mente.

Em "A Oscilante", a candidata a gerente comercial, conversando consigo mesma, mostra isto muito bem. "É melhor não arriscar. Também não exponho a minha intimidade. Em entrevista de emprego sou seca, objetiva, fria, direta. Na vida não sou seca. Sou amorosa. Mas demonstrar amor é muito perigoso. As pessoas abusam. O amor é quase sempre mal interpretado".

Outros contos são poéticos, sensíveis, de alto nível. Em "As Mil e Uma Noites", Suely Cândido, que também é psicanalista, cria uma personagem que tenta eliminar a mania de vasculhar meticulosamente uma bolsa, pois "(...) percebeu que poderia estar enfeitiçada (...). Determinado dia viu que aquela bolsa a prendia e que tudo o que colocava dentro dela se perdia e com isso passava momentos preciosos naquela atividade frenética de lhe vasculhar o interior".

Este conto mostra bem o que fazemos conosco: mexemos, remexemos, encontramos, escondemos, nos deixamos fascinar pelo prazer efêmero, nos enredamos, sofremos... Também mostra como é arteira esta *headhunter*!

Muitos personagens são tão perturbados pelo falatório mental que, em plena entrevista de emprego, perdem o controle e divagam. Este é o caso do conto que escrevi, "Encontrando Lola: Confissões de um Candidato". O candidato encontra Lola ao sair desesperado de uma entrevista de emprego. Ele mergulhara nas lembranças dolorosas que as perguntas trouxeram à tona. Acho que Lola é um pouco este "fundo do coração" que ouve e empurra a gente para o presente, para a felicidade, para o comando das nossas vidas. Para Lola ele diz: "Claro que estou preocupado com a próxima entrevista. Sinto medo. Ora, Lola, claro que não vou contar a verdade. É muito feia"!

Isto foi o que meu amigo aqui no Nepal me respondeu quando lhe falei para parar de se preocupar com o que o mundo iria pensar dele por ter uma mãe alcoólatra. Que usasse sua mente para se ocupar mais com ele mesmo e também com a própria mãe. Mas com o tempo ele foi repensando. Na época deixei o conto em aberto porque eu não sabia o rumo que a história real iria tomar. Como não posso retomar o conto, passei a escrever o livro... rsrsrs..., esta vida é engraçada, dá muitas e inesperadas voltas! E tem mais uma coisa ótima que gostaria de contar sobre este amigo. Ele estava vivendo de rendimentos que recebia do irmão que mora no exterior. Hoje está sobrevivendo por conta própria, principalmente, de um importante magazine que vem editando com sucesso.

Agora, voltando aos outros contos, eles são bem diversificados. Isso é bem interessante. Algumas narrativas são apaixonadas. Há contos que são de uma riqueza de detalhes impressionante; veja, por exemplo, "A Keytti", que tem o poder de levantar a libido. Outras narrativas são bastante reflexivas como em "Ser Humano" que nos diz: "Nos porões de minha alma e no mais profundo dos meus pensamentos, tenho absoluta certeza que a cartilha do sucesso não é, nem de longe, o melhor projeto de vida que poderíamos ter".

Em "O Rapper", um profissional certinho abandona sua preocupação habitual com "o que os outros vão pensar" e se revela: "De fato, através daquela catarse, Pedro se deu conta de que compartilhara com aquela verdadeira multidão muito mais do que já tivera coragem de admitir para si mesmo e que realmente sensibilizara a todos. Não sabia bem o que fazer com tudo aquilo que revelara a si mesmo, mas descobrira que sua facilidade em escrever procedimentos e ministrar treinamentos não se restringia à área da Qualidade. Era também um verdadeiro rapper, mordaz e contundente".

Outro profissional, Alfredo, carrega o drama de se comportar como super-herói. De tempos em tempos, frustrado, cansado e lamurriento, ele "não aguenta mais". Muda de emprego, casa, descasa, se revolta, se recusa a continuar nas situações e, como todos nós, quando nos vemos como vítimas, "chuta o pau da barraca". E, entusiasmado, mais uma vez, como se fosse esta a última vez, diz: "- Sabe aquilo de Não Aguento Mais? NUNCA MAIS"!

Vou citar só mais um conto. Mas gostaria de citar todos!

Mei é uma profissional do sexo e intelectual. Reclama o direito de se chamar "profissional de Recursos Humanos", argumentando interiormente que cuida muito bem dos executivos, física, emocional e mentalmente. Já na casa dos quarenta resolve mudar de profissão, apesar de ainda estar ascendente na carreira. Entre outros motivos porque seu filho insiste em chamá-la de prostituta de luxo. "Com o currículo impresso sobre a mesa e já metida num conjunto de bermuda social, camisa, brincos, bolsa e sapatos combinando, Mei estava radiante. Mais feliz do que nunca. Sabia que ia conseguir o emprego. 'Afinal', pensava, 'que mais se precisa saber na vida senão sobre gente e livros?"

Agora, enquanto os contos revelam os conflitos, as fantasias, desejos, dúvidas, dilemas morais e muito mais, os relatórios, que são peças de comunicação utilizadas para vender o profissional para o contratante, de modo algum apontam o lado B do candidato, seu lado secreto. Mostram somente seu lado discreto. Estas duas peças, o relatório e o conto, representam dois extremos da comunicação e, por esse motivo, a leitura do relatório e dos contos que se inspiraram nele é muito interessante! Elas se complementam. Estão todos no próximo capítulo, três.

Também é fantástica a leitura do capítulo quatro, que contém as respostas de profissionais anônimos à pesquisa que a Suely lançou com a pergunta: O que você nunca falaria numa entrevista de emprego?

É desconcertante e revelador. Os depoimentos deixam claro como vivemos num jogo de esconde-esconde. Como dormimos com tudo isso na cabeça? É um verdadeiro milagre que as pessoas consigam trabalhar juntas apesar de desconfiarem tanto umas das outras! Sabemos o quê e quanto isto nos custa! Quanto estresse, né?

Neste capítulo quatro, assim como no quinto, usando os contos e as respostas à pesquisa, fazemos algumas considerações sobre a importância de mudarmos o estado de mente com que fazemos seleção de pessoas. Também damos exemplos de como lidar com situações difíceis, nas empresas e na vida de modo geral, usando nossas atividades "secretas". Desta forma, elas podem se transformar em fonte de maior harmonia e felicidade.

E quem deve ler este livro?

Através da análise dos relatórios, os candidatos a vagas poderão se orientar e se preparar melhor para entrevistas de trabalho. Profissionais da área de recrutamento e seleção e lideranças de empresas em geral também podem se beneficiar com a leitura, comparando, absorvendo ideias e enriquecendo a própria metodologia de contratação.

Mas os profissionais vão se beneficiar muito mais com a leitura do conjunto do livro. O líder responsável pelo capital humano, que anseia por cumprir melhor seu papel estratégico, entenderá que, invés de se limitar a introduzir melhorias no processo ou na tecnologia, pode e deve promover mudanças na qualidade da mente das pessoas que estão envolvidas na contratação, treinamento e liderança.

Você deve estar se perguntando: como um livro composto por contos inspirados em relatórios de entrevistas poderia cumprir esta função?

O relatório assemelha-se ao que projetamos quando contratamos ou somos contratados. Idealizamos de forma positiva ou neutra a pessoa ou a empresa. Com o tempo ocorre a idealização negativa que os contos e os depoimentos anônimos mostram bem. A idealização pode não ocorrer nesta ordem, mas é muito raro não acontecer.

Para que o funcionário seja assimilado, a empresa e o profissional devem conseguir superar em alguma medida essa fase de idealização. "Cair na real". Abandonar as projeções, que interferem negativamente.

Houve uma época em que se dizia nas empresas que era preciso "vestir a camisa". É fato que facilmente a camisa não é vestida. As projeções não são abandonadas. E fortunas são gastas nessas apostas abortadas!

Agimos assim na vida familiar, na vida social, em todos os lugares, em todos os relacionamentos. E, por isso, de modo geral existem mais casos de uniões que acabam em abortos e separações, ou mesmo brigas e conflitos sem fim do que situações de harmonia, ou seja, de superação da etapa de idealização. Quando analisamos relacionamentos conflituosos, notamos que, no decorrer do tempo, ao invés de evoluírem através da superação das projeções, é muito comum os parceiros, ou colegas de trabalho, alternarem momentos de ultravalorização do outro e momentos de superdesvalorização. Como o pêndulo. Embora dolorosas, as relações podem durar até que a morte os separe ou até a hora em que o negócio termina.

Este livro pode inspirar o leitor a recordar algumas coisas importantes:

1. *Que nos relacionamentos existem os conteúdos voluntariamente expressos, ou seja, aquilo que é comunicado, e também os conteúdos que são retidos.*
2. *Que os pensamentos secretos, a conversa mental, fantasias, dúvidas, enfim, tudo o que não é dito também influencia no relacionamento. Muitas vezes, quando analisamos os gran-*

des vencedores, pensamos que eles têm muita sorte, mas isso nem sempre é verdade. De fato, vencedoras são as pessoas que sabem observar e levar em conta pequenos detalhes cuja soma faz toda a diferença.
3. *Quando reconhecemos nossas vidas secretas, conseguimos identificar nossas projeções e eliminá-las.*
4. *Quando somos atentos ao outro, conseguimos identificar suas projeções.*
5. *Identificando as projeções e sabendo que elas nos conduzirão a frustrações e desapontamentos, podemos resolutamente decidir por nos estabelecermos firmemente na realidade.*
6. *Quando estamos firmemente estabelecidos na realidade, temos a vantagem de construir a felicidade.*

Embora existam várias técnicas que nos auxiliam na identificação e abandono das projeções, é preciso entender que esse aprendizado é gradativo e exige consistência. É preciso repetir muitas e muitas vezes esta análise para podermos nos familiarizar com um estado de mente não projetivo.

Como o hábito é muito arraigado e está disseminado, quer dizer, é coletivo, é muito interessante quando todo um grupo se trabalha ao mesmo tempo. Esta é uma ótima ideia para empresas que desejam dar verdadeiros saltos na qualidade dos relacionamentos e no coeficiente de felicidade. É claro que o aumento da produtividade e do lucro pode até acontecer também, mas a meta principal não deve ser esta. Senão, a pressa e a pressão podem atrapalhar e retardar todo o processo.

No meu processo pessoal, num dos vários treinamentos que venho realizando por este mundo afora, me foi contada uma história que é como a rainha das histórias relativas à eliminação das projeções. Vou abreviá-la com minhas próprias palavras.

Buda enviou o seu melhor discípulo para instruir uma famosa prostituta sobre a perfeição da sabedoria. O discípulo, que possuía verdadeira devoção ao Mestre, atendeu ao pedido sem hesitação. Ele ensinava no quarto da cortesã enquanto o cliente aguardava na sala de baixo. Conta a tradição que esta mulher especial conseguiu realizar os ensinamentos e o monge partiu. Quando o cliente subiu, ela lhe perguntou: "O que você veio buscar"? E o cliente respondeu: "Gosto de você, te desejo, quero você". Então ela perguntou: "o que exatamente você gosta em mim"? O cliente estranhou. A mulher estava agindo de modo diferente do normal. Ela continuou perguntando: "você gosta dos meus olhos"? Ele respondeu que sim. Ela então, sem hesitar, arrancou um dos seus olhos e deu ao cliente, dizendo: "pode levar o que veio buscar".

O importante desta história, verídica ou não, fica a seu critério decidir, é que nos ajuda a refletir sobre a natureza das projeções. Seja positiva, negativa ou neutra, a projeção é uma superimposição de conteúdo sobre a realidade. É uma ilusão. Mais cedo ou mais tarde, o sonhador acorda e o sonho se desmancha. Raramente temos a mesma sorte que teve a prostituta desta história, que conseguiu compreender a natureza profunda de toda e qualquer projeção e se libertou deste condicionamento.

As projeções positivas nos deixam num estado de expectativa que, dificilmente, o outro conseguirá satisfazer. As projeções negativas instalam um clima de desconfiança e isso prejudica o desempenho. Nas projeções neutras estamos no papel de 'esperar para ver' e assim não nos engajamos. Tenho um professor que costuma repetir sempre o seguinte conselho. Ele diz ser bem mais fácil compreender porque projeções positivas ou negativas nos levam a sérias complicações. Mas é mais difícil entender o problema das projeções neutras. Quando temos um objetivo, é preciso desconfiar dos estados neutros porque estes não são ativos. Para se atingir um objetivo, é preciso estar ativo e consciente dos nossos pensamentos.

Para eliminarmos as projeções, é fundamental gerar um estado de atenção voltado para dentro e, ao mesmo tempo, colocar a atenção na comunicação externa. Manter a mente atenta a essas sutilezas depende de motivação, conhecimento e treinamento. É preciso querer estar no controle da mente. É preciso identificar os estados mentais projetivos. É preciso aprender a eliminá-los.

E por que nos envolvemos nas projeções e acumulamos conteúdos "secretos"?

Tendemos a acumular conteúdos mentais da mesma forma que acumulamos pertences materiais. Estamos tão acostumados a nos medir pelo que temos que nos sentimos especiais quando acumulamos, além de coisas, também ideias, sentimentos, sensações, histórias e outras coisas mais. Sentimos orgulho por termos segredos e lutamos para que nossa privacidade nunca seja conturbada e revelada. Só que, de fato, parecemos closets abarrotados cujas portas não se fecham.

E por termos assuntos guardados em demasia, ficamos com dificuldade para mostrar o que nos interessa mostrar ou querer o que realmente nos interessa querer.

Simplesmente porque os guardados são tantos que poluem nossa comunicação todo o tempo. São obstáculos, ruídos que nos atrapalham. Como no exemplo do closet que, abarrotado, torna nossa vida difícil quando não encontramos as coisas que queremos, nos momentos em que precisamos delas; da mesma forma, é difícil desenvolver competências comportamentais com uma mente lotada de assuntos. O caos se instala na mente. Estes assuntos variados prendem involuntariamente a atenção e tornam a mente distraída. As projeções justamente acontecem nos momentos em que a mente está distraída.

Por isso, nossos guardados chegam a estar muito mais expostos que aquilo que desejaríamos expor. Está certo que a mente é maravilhosa, complexa, e que tudo pode caber dentro dela! Ao contrário do corpo, a mente é extraordinariamente elástica! Mas por maior que seja a casa, se ela nunca for limpa e organizada, chegará o momento em que o caos tornará até mesmo o mais rico palácio inabitável!

Cuidar da mente é sabedoria, como nos mostra Buda:
Nós somos o que pensamos.
Tudo o que somos surge com nossos pensamentos.
Com nossos pensamentos nós fazemos o mundo.

E voltando à pergunta: "quem deve ler este livro"? – entendo que todos podem se beneficiar com a leitura, profissionais e pessoas de modo geral. Se você quer mudar seu modo de contratar relacionamentos, seja na vida pessoal ou profissional, e evitar as frustrações tão comuns em tudo o que envolve relações humanas, leia este livro com a mente engajada, atenta, e com a firme intenção de "fechar vagas". Em especial, a sua.

E quem sou eu? Sou Cristina Hebling Campos. Tenho 58 anos, dois filhos queridos e muitos apelidos como Buthi, Tutu, Tina, Cris, Criska... Minha curiosidade, desde menina, quando conversava com os botões, é a mente. Sempre engajada em entender profundamente o seu funcionamento enigmático, achava que o ponto de vista convencional sobre a mente é de baixa valia para o autodesenvolvimento. Considerava que a palavra já dizia tudo e que mente e mentir se inter-relacionam.

Por conta de acreditar que esta mente que mente era fruto de condicionamento sociocultural, me graduei em ciências sociais tendo como foco principal a micropolítica. Obtive o título de Mestre em História com um estudo dos movimentos sociais no Brasil, que publiquei com o título "O Sonhar Libertário". Lecionei na Unicamp durante quase dez anos, onde pude estudar também o desenvolvimento histórico do conceito de velhice. Foi então que percebi a necessidade de buscar novos paradigmas e fiz minhas primeiras viagens ao Oriente, onde comecei a entrar em contato com a visão não linear da história e com as metodologias voltadas para a superação do estado de mente ilusória. Passei a trabalhar com práticas holísticas e, após incorporar uma ampla bagagem, me tornei *coach* com foco no treinamento da mente.

Tenho vivenciado muitas culturas. Passo metade do ano dividida entre o interior de São Paulo e as paisagens nevadas do Lago Superior em Minnesota, lugares onde tenho minha família, amigos, a consultoria www.heblingrh.com.br e os clientes mais antigos. Na outra metade, moro no Nepal, onde me aprofundo na filosofia budista Madhyamika, do mestre Nagarjuna, que a define como "livre de todos os extremos".

Um desafio nesta vida sem residência fixa é me sentir em casa e sem estranhamentos, em qualquer lugar.

Deste modo aprecio conversar presencial ou virtualmente, e me vejo cada vez mais confortável para refletir sobre a espiritualidade, a vida, a velhice e a morte. Hoje meus pertences cabem em duas malas.

Minha grande torcida é para que todos tenham felicidade e estejam livres de sofrimento.

Tashi Delek!

CAPÍTULO 3

Relatórios e contos

Temos uma incalculável dívida com a imaginação.
Sem o jogo com a fantasia
nenhum trabalho criativo jamais chegaria a nascer!

Carl Gustav Jung

- *Este capítulo contém 18 relatórios de entrevistas com candidatos a diferentes vagas. Todos os relatórios são de autoria de Suely Cândido.*
- *Após cada relatório, você vai encontrar os contos que nele se inspiraram.*

Relatório 1
Cargo: **Gerente de Unidade de Negócio**
- -
Resumo da Entrevista

Natural de Santo André/SP, 26 anos, solteiro. Reside com a família na zona leste da Capital. Seu pai trabalha como taxista e sua mãe é dona de casa.

Recebeu educação tradicional, em que os principais valores aprendidos foram: educação, respeito às pessoas, solidariedade e trabalho. Definiu sua relação familiar como sendo muito boa.

Relatou ter asma, mas sobre controle. Pratica natação, bicicleta e musculação.

Para se divertir, gosta de fotografar, ouvir música, conversar com seus amigos, frequentar baladas, etc. Sua vida pessoal está equilibrada. Para o futuro planeja ter inglês fluente, morar sozinho, fazer uma especialização em gestão de pessoas e obter certificação PMI.

Tem como pontos fortes profissionalmente: visão sistêmica, ser bom mediador de conflitos, com habilidade em planejar e implantar projetos de negócios.

Rogério identifica-se com Peter Drucker, por ser apaixonado pela ciência e a arte de administrar empresas.

Para manter-se atualizado, acessa a internet, lê revistas e jornais, participa de palestras e cursos.

Seu estilo de trabalho é desenvolvido em cima de metas, controle, prestação de contas e entrega de resultados. É direto, objetivo, porém amigável sempre. Sempre aberto ao feedback, às mudanças e ao novo.

Tem temperamento estável, controlado, raramente perde a paciência, evita reagir no calor de discussões, e escolhe se colocar no lugar do outro, imaginando quais motivos o levam a agir de modo violento ou inapropriado à situação.

De atitudes profissionais em que procura sempre ser coeso, não gosta de pompa e efeitos especiais em torno da comunicação e no relacionamento com os colaboradores, parceiros e superiores. Assume seus erros com naturalidade, não tem o hábito de reclamar e não aprecia estar próximo a pessoas que tenham esse hábito. Trabalha com a melhoria contínua, entende que nem sempre podemos parar a empresa para executar uma grande mudança, sendo assim, suas ações pela melhoria ocorrem constantemente, visando objetivos predeterminados.

É motivado por resultados, novos desafios e surpresas no trabalho. Isso porque o resultado deve ser encarado como motivo principal de sua contratação; aprecia novos desafios porque não gosta de se sentir em "zonas de conforto"; quer experimentar surpresas porque a adrenalina lhe faz bem, precisa se sentir útil.

Seu estilo de liderança é objetivo e racional, comunica metas e objetivos. Não estabelece metas aos colaboradores sem antes se certificar de que estes terão condições para alcançá-las (ferramentas de trabalho, processos adequados, tecnologia pertinente). Por mais ansioso ou nervoso, não deixa que estes estados sejam percebidos e tampouco os transfere para o seu time, pois é seu dever enquanto líder assegurar que seus colaboradores tenham um ambiente de trabalho favorável à criatividade, tranquilo e agradável para que possam desempenhar suas tarefas com naturalidade e em paz. Tem o hábito de conversar com seus colaboradores para trocar feedback. Busca ser uma ponte entre a alta direção/gerência e o front de batalha, tendo em vista fazer com que ambos (diretoria/gerentes e operacionais) entendam o contexto e situação um do outro. Isso evita a formação de opiniões distorcidas e possibilita a tomada de decisões mais acertadas quanto a investimentos, práticas e melhorias no dia a dia.

Motiva seus parceiros e subordinados reconhecendo seus esforços, comemorando conquistas e metas atingidas. Monitora sua remuneração e benefícios para que sejam compatíveis ao seu perfil profissional e jamais estejam abaixo do mercado. Busca monitorar constantemente a evolução no perfil dos colaboradores (suas afinidades e competências) e alocá-los em atividades e projetos onde possam aplicar e exercitar suas competências mais desenvolvidas.

Da futura empresa contratante espera um ambiente democrático, onde as ideias sejam bem-vindas, além da valorização do profissional, recursos e ferramentas para atingir os objetivos. Não suporta falta de objetivos, violência e fofoca no ambiente de trabalho.

Apresenta-se com educação e muita energia. Boa apresentação pessoal e postura profissional. Demonstra ser uma pessoa sempre animada, automotivada, democrática, boa ouvinte, amigável, sempre presente e interessada nas outras pessoas. Aprecia discussões e opiniões sobre os mais diversos assuntos. Assertivo, excelente líder e motivador, animado, determinado, com postura/atitudes de mediador/conciliador e empreendedor. Ótima comunicação oral e escrita.

Seu ultimo salário foi de R$ 3.000,00/CLT + R$ 1.000,00 de Auxílio Educação (inglês e pós-graduação) + benefícios (vale refeição, plano odontológico, previdência privada, assistência médica e PLR).

Sua pretensão salarial:

Como CLT: R$ 4.000,00 + mesmos benefícios.

Como PJ: R$ 5.200,00 = R$ 4.000,00 + 30% (para pagamento de IR, contribuição de INSS e cobertura de despesas de alimentação, transporte, saúde e outros) + PARTICIPAÇÃO NOS LUCROS.

Não busca meramente trocar salário por horas trabalhadas. Busca empregar seus conhecimentos em um negócio que seja interessante, inovador e com a possibilidade de crescimento em um mercado preferencialmente ainda em estado embrionário, pois espera crescer junto à empresa e aos seus parceiros, os empregadores.

É um líder focado em melhoria contínua de negócios e no desenvolvimento de pessoas, pois acredita que elas são o segredo do sucesso de qualquer tipo de iniciativa. Tem suficiente conhecimento em gestão empresarial para assegurar a operação do negócio e a geração de valor através do correto dimensionamento de custos, controle orçamentário e gestão de caixa eficaz.

Tem senso de oportunidades e boa performance no estabelecimento de novos contatos e criação de relacionamentos comerciais. Atualmente trabalha em uma conceituada empresa da área médica, estando habituado ao relacionamento com os profissionais da saúde.

Com este profissional a empresa contratante não terá um empregado, mas um sócio. Alguém que pensa no negócio com o mesmo cuidado e comprometimento que o dono possui para com a sua empresa.

Conto

AS TRÊS NEGOCIAÇÕES

Kiko, 56 anos, Politécnico/USP, Empresário.

Meu casamento está marcado para daqui a duas semanas. Nos três anos de namoro e noivado, aprendemos que nos amamos de verdade, queremos viver juntos e educar filhos.

Profissionalmente, tenho sido muito bem sucedido como Gerente de Negócios Especiais num fabricante de máquinas operatrizes industriais.

Mas, numa aparente incoerência, eu me encontro diante de uma entrevistadora de uma Consultoria de Recursos Humanos, em busca de outro trabalho. Enquanto ela me faz perguntas sobre minhas qualificações profissionais, projetos futuros, etc., eu viajo para o inferno particular que me corrói e me empurra àquela Consultoria.

– *O que você planeja para sua vida pessoal e profissional nos próximos cinco anos?* – me pergunta a entrevistadora.

Neste momento, nos três segundos que parei para responder a ela, decolei. Um episódio ocorrido comigo numa negociação de um grande projeto me tira o sono até hoje e coloca em grande risco meus planos familiares, sentimentais, emocionais e, obviamente, profissionais.

Era uma tarde ensolarada de Outubro, quando meu celular tocou. Fui chamado pelo Grupo McDivot, para negociar naquele mesmo dia nossa proposta de implantação da nova fábrica, num projeto calculado em quase quatro milhões de dólares. Corri pra lá.

Mal a copeira se afastou, me deixando café e água, uma imponente figura feminina adentra a sala de reuniões onde eu estava, com cadeiras altas, reclináveis e finamente estofadas. Era a Diretora Geral da nova unidade do grupo, a Sra. Lushka Vaninski, a executiva mais deslumbrante e poderosa que conheci na minha carreira.

Pelo cargo e poder, talvez já passasse dos 45, mas nenhum homem de boa visão lhe daria mais do que 33, 34 anos, tal a jovialidade do seu rosto e o veludo da sua tez.

Um *tailleur* de fino corte encobria parcialmente uma blusinha branca, bordada, que discretamente revelava seios de formas delicadas. O rosto, quase perfeito não fosse um sutil exagero na maquiagem totalmente dispensável, tão bela que era. Seus joelhos bem torneados denunciavam a perfeição do que seriam suas coxas, discretamente protegidas por uma elegante saia de marca.

Ela percebeu meu indisfarçável desconcerto e, denunciando estar acostumada a isso, tratou de me "socorrer", pedindo dois cafés, enquanto, de soslaio, acompanhava a minha "recuperação".

– *Olá, muito prazer* – apresentou-se.

– *Eu sou a Sra. Vaninski. Lushka Vaninski*, reforçando o som de "xis" no meio do seu nome, fiel à pronúncia nórdica. – *Hoje negociaremos a sua proposta* – resumiu.

– *Muito prazer, Alex Lomart, da Ohio Machines Group* – respondi, tentando juntar o queixo ao maxilar, ainda meio abobado.

– *Obrigado pela oportunidade oferecida à nossa empresa* – completei.

Após varrermos os principais pontos do projeto, preços, formas de pagamento, financiamentos, prazos de entrega, garantias, assistência técnica, pós venda, etc., ela se levanta, dirige-se elegantemente até a porta da sala e gira a trava da porta. Gelei. Já era 21h10min.

Ainda recostada à porta, desabotoou seu terninho e a blusinha com a destreza de um mágico, livrando-se rapidamente das peças. Assustado com o que via, instintivamente girei minha cadeira à sua direção, reclinando-a. Estiquei minhas pernas semiabertas e não sabia se pensava naqueles seios, agora protegidos apenas por um fino sutiã semitransparente, ou no projeto que estávamos negociando. Ela se aproximou, sentou-se no meu colo de costas, enquanto conduzia minha mão para dentro do seu frágil sutiã:

– *Aperte os meus seios e beije o meu pescoço!* – pediu ofegante.

Foi a ereção mais rápida que eu já experimentei em toda a minha vida.

Buscando mais contato, ela mesma se livrou da saia, fechando os olhos enquanto se permitia pequenos gemidos.

Com total controle e iniciativa da situação, puxou minha mão para o meio das suas pernas. Senti a temperatura subir. Um toque no fecho traseiro do sutiã o fez saltar para a mesa, já que não tinha alças sobre os ombros.

Resolvi entrar no jogo. Em um segundo, me livrei da calcinha. Igualmente ágil, ela baixou minha calça até os pés, ainda com sapatos. Olhando-me fixamente e respirando por entre os dentes cerrados, ela me empurrou de volta à cadeira e, abrindo as próprias pernas, forçou uma penetração rápida e profunda. Enquanto me cavalgava, gemia baixinho, de olhos fechados.

No momento em que ela acelerou seus movimentos no meu colo, puxou minha cabeça para beijar-lhe os peitos, apertou-me com força contra eles e soltou quatro gritinhos de muita excitação, num gozo discreto e profundo, enquanto eu explodia de prazer.

Em um minuto e meio ela já estava vestida e recomposta. Eu precisava da comissão daquela venda para financiar o meu casamento, mas meu instinto superou minha responsabilidade.

Em seguida, pegou minha proposta de US$ 3.800.000, perguntando:

— Você quer mesmo ganhar este pedido, meu rapaz?

— Sim — respondi mais que depressa — claro que queremos esse projeto, Sra. Vaninski.

— Então, comece a me chamar de Lushka, está bem?

— Lushka. Você é linda, sedutora e irresistível.

— Você é muito atraente, Alex, mas a sua proposta poderia ser um pouco mais vantajosa para mim. — respondeu colocando sua mão direita espalmada sobre seu próprio peito.

— Como assim, Lushka? — indaguei arriscando a tal pronúncia nórdica.

— Simples. Sua empresa ganha, você ganha, eu ganho. Entendeu?

— Desculpe-me. Você quer dizer... bem, eu estou entendendo direito?

— Sim, você entendeu. Traga-me outra proposta em cinco dias, com 10% acima desse valor, e uma maleta com US$ 380.000. Ah! Vê se usa um cinto mais fácil de abrir, está bem?

Saí de lá num misto de atordoado com maravilhado. Nunca uma mulher havia tomado a iniciativa no sexo comigo daquela maneira. Nas noites de insônia que se sucederiam, não consegui esquecer aquelas cenas. Eu queria o pedido, mas queria também aquela mulher novamente.

Na semana seguinte, numa reunião estrategicamente marcada para as 19h00min, lá estava eu com uma proposta mais cara e a maleta dos dólares na mão. Jamais participei nem nunca imaginava participar de uma transação dessa natureza, mas minha empresa aceitou a proposta para não perder o projeto. Senti vontade de pedir demissão no mesmo dia. Não pedi.

Fechamos o pedido e eu lhe entreguei a maleta de dólares, abreviando o ato sem falar no assunto. Então voei no seu pescoço e tivemos ali mesmo mais uma longa sessão de prazer. Desta vez, assumi o controle numa "revanche" que ela adorou.

Ganhei uma boa comissão por aquela venda e poderia ir em frente com meu casamento. No entanto, eu e Lushka temos nos encontrado furtivamente quase toda semana, num processo de mútuo interesse por aquela aventura. Preciso respirar. Conversei com minha noiva e inventei que os "negócios não estão indo bem", etc. Adiamos o casamento sem nova data.

Hoje, "negocio" comigo mesmo esses conflitos de sabores paradoxais que dissolvem minha alma: amor x traição, sedução x responsabilidade, corrupção x realização profissional. Por isso tudo, busco outro trabalho, na tentativa de me afastar daqueles conflitos, talvez numa atitude covarde de enfiar a cabeça na areia ou na esperança de uma solução espontânea.

– Bem – respondi à entrevistadora – *Meus planos pessoais são de casar, constituir família e ter um desempenho acima da média no meu trabalho, para conquistar um posto de Diretoria. Na verdade, quando trabalho para uma empresa, ajo como se fosse um dos seus sócios, que não mede esforços para buscar os negócios que interessam à companhia. Sei que se ela evolui seus colaboradores também crescem. No meu atual trabalho, não encontro espaço para isso e a desmotivação é inevitável. Sou movido a novos desafios a cada dia.*

Semana passada, ganhei de Lushka um cinto de fecho rápido. Uma parte de mim torce para que o novo emprego simplesmente nunca dê certo.

Conto

MEU NOME É *VANINSKI, LUSHKA VANINSKI*

RADC é Gerente Executiva de uma das maiores Instituições Financeiras do país. Responsável pela customização e estruturação de operações que envolvem o Corporate nas questões jurídicas, auditoria fiscal e operacional. Viabiliza economia fiscal, alongamento de prazos, financiamentos subsidiados junto ao BNDES para empresas de faturamento acima de 500 milhões/ano. Entre outras atividades dá apoio comercial através de visitas externas e ao gerente do segmento.

Meu nome é *Vaninski, Lushka Vaninski*, executiva de uma grande empresa. Sou responsável pela estruturação de operações diferenciadas de todo o grupo, em todo o território nacional.

Poderosa nos negócios e extremamente tímida com meus desejos. Quero dizer... nem sempre é assim. Estou aprendendo a fazer o que sinto vontade. O mundo é ainda predominantemente masculino, então na intimidade assim como no papel profissional, estou aprendendo a pensar, sentir e agir como os homens. Tenho sido mais feliz assim.

Aprendi a driblar esta couraça íntima, na minha primeira vez no "comando dos desejos", quando fui acionada por um importante fornecedor para apresentar um produto para todo o grupo.

Fiz alguns esboços para a primeira visita e ao longo da apresentação complementaríamos de acordo com as necessidades locais. Chegou o dia do encontro, uma terça-feira na parte da manhã. Escolhi um modelo clássico com uma pitada de modernidade. Fui vestida com uma saia envelope cinza clara, camisa de seda branca, cinto azul marinho e uma sandália de salto alto em tom contrastante ao cinto, bolsa de tamanho médio e um lenço de bolas no pescoço. Havia uma brisa naquela manhã. Sentia segurança para realizar o trabalho. Mas tinha uma estranha excitação que não conseguia explicar. Talvez lembranças...

Ao chegar à empresa, fui conduzida para uma sala de reuniões juntamente com meu fornecedor de forma que pudéssemos aguardar o gerente financeiro e sua assistente. Após alguns minutos (poucos) surgiu um homem alto, com pele morena, cabelos levemente encaracolados, olhos amendoados, com um elegante terno cinza que contrastava com o que eu usava e um perfume que tomava conta do ambiente e da minha mente... "Borboletas voavam em meu estomago", senti um tremor nas pernas e uma atração imediata.

Bem, precisava concentrar-me, fazer o mais rápido possível a tal apresentação e sair dali antes que não pudesse mais conter meu desejo, e o dele, pois olhava fixamente em meus olhos como se estivessem somente os dois naquele ambiente... Enquanto sua assistente e meu colaborador faziam suas anotações, eu só pensava em tirar sua roupa e desfrutar de todo seu corpo e ele ao meu. Nossos olhares continuavam fixados um no outro.

Ao final da apresentação, já em frente ao elevador pedi se poderia me servir um copo de água, minha boca estava seca de tanto desejo. Sua assistente já tinha se retirado e meu colaborador, um fumante incorrigível, disse que me esperaria no térreo.

Frente a frente, ambos com as bochechas coradas, decidimos caminhar na direção da copa. Ao passar o copo d'água sua mão esbarrou na minha. Não pude conter mais o desejo e ele na mesma sintonia manteve seus dedos encostados em minhas mãos o que fez aumentar nosso calor. Imediatamente fechamos a porta e começamos a nos beijar desesperadamente. Gemidos tomavam conta do ambiente e o prazer quente e agudo se espalhou. Ele agarrou meus quadris e suas mãos ultrapassaram os limites da minha saia até que seus polegares encontraram a renda branca da minha calcinha e ele sussurrou "quero abrir suas pernas e te lamber até você implorar meu pau" e naquele momento ele me possuiu como jamais alguém tinha feito.

Após meu deleite, arrumei minha saia, recompus meu cabelo, retoquei o batom, dei um leve beijo em seu rosto, caminhei até o elevador e desci sentindo-me linda, poderosa... e sem qualquer sentimento de culpa.

Relatório 2
Cargo: **Supervisor de Produção**

Resumo da Entrevista

Natural da cidade de Osasco/SP, 37 anos, casado há oito anos, sem filhos. A esposa trabalha como enfermeira. Reside no bairro Jaguaré, na zona oeste.

Recebeu educação rígida ("nos moldes militares") em que os principais valores foram: ética, honestidade e respeito aos mais velhos. O pai faleceu, trabalhava como Capitão do Exército; a mãe como Dona de Casa. Relatou ter um bom relacionamento familiar, uma família "impecável".

Relatou não ter problemas de saúde e praticar esportes: caminhadas e musculação. Para se divertir gosta de cuidar de casa e do apartamento que possui em Caraguatatuba. Adora fazer tarefas domésticas. Relatou ter um coelho de estimação e que dedica um bom tempo e muito afeto cuidando do animal.

Tem como pontos fortes, profissionalmente: cumprimento das metas, disciplina e bom relacionamento interpessoal. Acredita que precisa voltar a estudar, gostaria de estar mais atualizado com as novas técnicas de produção. A seu favor, acredita ter estabilidade profissional e a liderança de uma "equipe difícil que é o pessoal do chão de fábrica".

Com muita estabilidade e carreira ascendente, tem experiência no planejamento de compras de insumos industriais, separação dos produtos conforme a ordem de produção, controle de produção, controle do estoque, cumprimento dos prazos de entrega aos clientes. Experiência na implantação das ISO 9001/2000. Carreira desenvolvida nos segmentos de plástico e borracha, além de metalúrgico em geral. Com segundo grau completo em Técnico em Mecânica. Realizou diversos cursos de aprimoramento profissional.

Para manter-se atualizado lê jornal aos domingos e os noticiários da televisão.

Definiu o seu estilo de trabalho como sendo organizado e que também exige organização, disciplina e prontidão da equipe de trabalho.

Iniciou sua carreira profissional há 21 anos, sempre buscando o aprendizado, fazendo cursos, participando de palestras e convenções, para adquirir conhecimentos e melhoria contínua.

Apresenta-se com educação e muita simpatia. Boa apresentação pessoal e postura profissional. Demonstra ser bem humorado, disciplinado, gostar de desafios moderados, tem vivacidade, procura estabelecer vínculos, é detalhista e muito observador. Boa comunicação oral e escrita. Apresentou bom desempenho em todos os testes.

Seu último salário foi de R$ 2.000,00 + benefícios. Sua pretensão salarial é de R$ 2.600,00 + benefícios.

Conto

Danilo Marmo é psicanalista, com clínica voltada para adolescentes e adultos, e membro do departamento de publicações do CEP – Centro de Estudos Psicanalíticos. E-mail para contato: marmo.danilo@gmail.com

WWW.CONFISSOESDIARIAS.COM.BR

POSTADO DIA 22 DE SETEMBRO ÀS 19H42MIN.

A risada dela lembrou-me a dos coelhos. Um riso inocente que me atiçou. E ela estava tão bem intencionadamente loira, que até acreditou em mim. Era um sorriso jovem e receptivo. Senti em seus olhos, que se dependesse dela, eu teria o emprego. Foi uma das selecionadoras que mais me provocou. Alice. Estar diante dela era como quando uma silenciosa serpente está diante de um primaveril coelho.

Alice e os coelhos. Alice no país das Maravilhas, atrás do coelho, que ironia.

Só escrevo isso neste formato de blog, porque preciso publicar e registrar meus feitos. Sei que ninguém deve ler, e caso alguém leia meu cotidiano, nunca chegará até mim. Nunca descobrirá quem sou eu. Publico essas coisas pela internet através de um IP impossível de ser rastreado, um IP dinâmico. Dinâmico como meu desejo.

E essa loira headhunter, Alice, logo mostrou ter o que eu procurava. Em verdade, quando acordei pela manhã, sabia que seria um dia assim. Acordei bem cedo como de costume e fiz alguns exercícios físicos. Abdominais no chão ao lado da cama, muitas flexões e levantei alguns pesos por alguns minutos. Os abomináveis barulhos do dia começaram: som de chuveiro, portas batendo, carros na rua – ao longe. Comi um pedaço de queijo branco e, quando começava a clarear, tomei café preto. Sem açúcar, puro como os coelhos, puro como o sangue.

Ao tomar banho, já sentia que seria um dia especial. Mais que isso, pressentia que encontraria uma candidata perfeita. E ela achando que o candidato era eu! Mas a entrevista de emprego correu bem. Apresentei um currículo novo, com outro nome para variar. Dessa vez eu quis ser Maurício. Enquanto ela avaliava 'Maurício', eu avaliava se sua pele seria macia o suficiente.

Se há algum leitor nesse blog, bem sabe que na verdade não trabalho pelas manhãs e que, de tempos em tempos, faço uma entrevista de emprego. Cada vez com um nome, cada vez com um currículo, cada vez com um desejo. É o que costumo chamar de "dia da caça", não sei por quê. É também o dia em que escuto Elis Regina no carro, também não sei por quê. Talvez me lembre da época em que tudo isso começou, do primeiro coelho que eu tive... É mesmo, era uma coelha e chamava-se Elis Regina! Os psicanalistas adorariam ouvir essa minha conexão, esse insight... Aliás, decerto os psicanalistas adorariam ouvir minhas peripécias! Mas nunca me deitarei num divã.

O caso com Elis Regina, a coelha, foi um acidente. Eu vi meu vizinho dar banho no cachorro e quis fazer isso com ela. A hora do banho foi ótima e lúdica, porém tudo começou de verdade quando fui aparar os bigodes. Com a tesoura na mão, senti um prazer inimaginável para uma criança de oito anos. Era um poder, mais que isso: um poder fazer!

Comecei cortando os bigodes e, quando vi, já tinha separado Elis Regina em vários pedaços. Era uma mistura do branco limpo do pelo da coelha com o vermelho do sangue... Imagem que hoje me faz lembrar maçã do amor com algodão doce: tudo grudado!

Depois de Regina vieram outras coelhas e coelhos. Acho que os pombos antes dela não contam, pois era somente brincadeira de criança. Depois da coelha vieram gatos, cachorros pequenos, em pedaços... Cachorros médios... Fáceis de esconder, fáceis de enterrar. O labrador deu mais trabalho. Mas o sangue nunca é fácil de limpar. E o cheiro de sangue lembra ferrugem... E tem um gosto... É bem melhor do que quando machucamos a boca, pois não sendo o próprio sangue, podemos sentir como ele é quente e viscoso quando vem de fora. Descobri que o sangue é como uma amálgama que une os órgãos internos uns aos outros, como uma cola que segura o de dentro no lugar.

POSTADO DIA 22 DE SETEMBRO ÀS 20H15MIN.

Parei essa descrição para dar água aos coelhos. Embora eu faça criação de coelhos no porão, tenho poucos. E eles procriam, mas sempre tenho poucos. Não gosto de suas fezes em formato de bolinha. As invejo demais. São muito bem feitas.

Passei pela televisão, na volta, e vi um pedaço do Jornal Nacional. O terninho verde da apresentadora lembrou-me o terninho de Alice, a entrevistadora bem intencionada.

É engraçado que na televisão, quando cortam o braço da pessoa num filme, ele pula fora com a roupa e tudo, como se isso fosse possível! Mas você pode ter certeza, leitor, de que na verdade não é tão simples assim: na verdade os membros são difíceis de tirar do corpo, ainda mais dentro de roupas! Um braço não sai pulando com manga e tudo!

Provavelmente amanhã começarei pegando a bondosa Alice no estacionamento de seu escritório e deixá-la-ei inconsciente. Em seguida, brincarei com ela e tirarei sua roupa, paulatinamente. Brincarei mais um pouco, dessa vez de "amor aos pedaços".

POSTADO DIA 22 DE SETEMBRO ÀS 20HS23MIN.

Será que um dia vou parar? Será que vou ser pego pela polícia ou algo assim? Creio que não, no Brasil isso não acontece. Só sendo pobre ou burro. E eu não sou nenhuma dessas coisas.

POSTADO DIA 22 DE SETEMBRO ÀS 20HS26MIN.

Preciso desse prazer. Preciso desse gosto.
O sangue é como pregos embebidos em vinagre balsâmico.
As entrevistadoras de emprego têm um quê que me encantam. Elas detêm um poder fantástico. Até eu aparecer.
E tenho muitos coelhos. Um para cada uma delas. Como-os juntos, como goiabada com queijo. Bebo todo esse sangue misturado, como num assemblage de merlot e shiraz.

POSTADO DIA 22 DE SETEMBRO ÀS 20HS28MIN.

Fiquei com água na boca! Vou começar os preparativos, pois amanhã será um belo dia. No máximo até quinta volto com postagem nova, contando como tudo correu bem. Melhor seria passar antes no centro da cidade e comprar uma faca melhor. Não gosto de andar de metrô, não gosto da linha laranja do metrô, não gosto das pessoas que andam no centro de São Paulo. São sujas. Não gosto quando a faca não faz seu trabalho direito e fica aquela pastinha de cabelo feminino, pele de coelho, sangue e gordura...

Conto

MAURICIO, EDUARDO E O COELHINHO

Márcia Montagna Assim é Gerente de Recursos Humanos na empresa Kalunga. Formada em Psicologia, com Pós em Administração de RH e MBA em Gestão. "Iniciei minha carreira como Psicóloga e, avaliando muitos candidatos e suas particularidades, concluí que a qualidade na seleção é a porta de entrada principal de qualquer empresa de sucesso. Por isso precisamos estar sempre preparados para diversos cenários e perfis. A antiga frase 'o homem certo no lugar certo' nunca deixará de ser verdade."

Apesar do seu casamento sólido de 10 anos, ninguém poderia imaginar que Mauricio tivesse um amante – Eduardo. Conheceram-se na última empresa que Mauricio trabalhou e iniciaram um romance secreto.

Mauricio lembrava-se bem, haveria uma auditoria e ele precisava preparar tudo para quando o Auditor chegasse, precisava contar com o apoio de Eduardo, seu funcionário mais prestativo.

Iniciaram todos os ajustes para que o trabalho fosse realizado a contento e esta aproximação foi ficando mais intensa, até que um dia, ao final do expediente, Eduardo chamou Mauricio para um final de tarde diferente, para então comemorarem o sucesso da Auditoria. Disse que não era comum sair com a chefia, mas que aquele era um momento especial. A diretoria tinha comunicado a todos o sucesso do trabalho em equipe. Depois de alguns drinques e algumas cervejas, Mauricio ofereceu uma carona para Eduardo, e em uma esquina qualquer próxima à casa de Eduardo aconteceu o inesperado...

Eduardo começou a acariciar a perna de Mauricio, que se sentia excitado com aquele toque, e quanto mais Eduardo acariciava Mauricio, mais ele ia sentindo algo que nunca imaginou que poderia sentir por um homem. Rapidamente, Mauricio parou seu carro e abraçou e beijou Eduardo repetidas vezes, e se amaram ali mesmo.

Mauricio chegou em casa feliz e deprimido. Como teria tido coragem de fazer aquilo? Nunca havia traído sua esposa com outra mulher e agora a traíra com um homem... Sentou ao lado dela na cama, que já dormia, e passou as mãos nos seus cabelos, prometendo que aquilo nunca mais iria acontecer.

Mas, a cada encontro com Eduardo a relação ficava mais intensa, não conseguiam ficar mais uma semana longe um do outro, e os colegas de trabalho já percebiam que alguma coisa estava errada. Chamavam o Eduardo de "puxa saco", pois qualquer ação que envolvesse estar perto do Mauricio, ele era o primeiro a se manifestar, quando alguém reclamava do chefe, ele era o primeiro a defender.

Mauricio como encarregado precisava manter uma postura enérgica frente a algumas situações, mas sempre que podia chamava Eduardo em sua sala para dizer o quanto estava feliz por estarem juntos.

Porém a empresa no ano seguinte resolveu ajustar alguns contratos e precisava redimensionar cargos e salários, foi então que Mauricio recebeu a notícia, teria que desligar duas pessoas de sua área e de preferência as mais antigas, e neste dia seu Diretor sinalizou dois nomes: Reinaldo e Eduardo.

Ficou tão nervoso na hora que seu diretor estranhou sua atitude, buscando uma explicação para tanto nervosismo. Disse que

Eduardo, apesar de solteiro, sustentava seus pais e sabia que o mesmo precisava daquela colocação mais do que ninguém, mais do que ele mesmo inclusive. A diretoria pediu ao Mauricio uma decisão, ou quem sairia da empresa seria ele. Foi então que ele percebeu que seu envolvimento com Eduardo já tinha extrapolado alguns limites do que ele poderia chamar de simples romance secreto, sentia que já era bem próximo ao amor.

Por outro lado, também amava sua esposa, que se dedicava a ele e ao lar com todo cuidado e carinho, sempre perto e sempre disposta. Nunca poderia deixá-la, sua educação rígida, de pai militar, o fazia ser sempre cumpridor de suas obrigações.

Porém decidiu que era chegada a hora de buscar outra colocação, imaginava que este seria o único meio de se afastar de Eduardo e iniciar uma nova fase em sua vida, esquecer este relacionamento e se dedicar à esposa, que com dez anos de casados já lhe cobrava a vontade de ter filhos e aumentar a família.

Percebera por que até então não tivera esta vontade, sempre buscando desculpas para não ficarem juntos, ou dizendo para ela que a situação financeira não permitia aumentar a família. Dizia que um animal de estimação poderia ser um bom companheiro, chegando a presenteá-la com um coelho.

Mauricio então pediu sua demissão e no mesmo dia conversou com Eduardo, colocando um fim naquele relacionamento, sem explicar os verdadeiros motivos de sua saída da empresa e o fim de seu relacionamento.

Agora procura uma nova colocação, nunca poderia dizer a ninguém o verdadeiro motivo de sua saída da empresa, e precisa esconder seu verdadeiro "EU". Por mais que quisesse, sentia falta de Eduardo, não saberia dizer até quando ficaria sem ele, mas estava decidido, não conseguiria mais levar uma vida dupla, ou será que conseguiria?

Relatório 3
Cargo: **Diretor Administrativo e Financeiro**

Resumo da Entrevista

Natural de São Paulo, 44 anos, divorciado. É pai de um filho de cinco anos. Reside no bairro Vila Nova Conceição com fácil acesso para Diadema.

Recebeu educação rígida europeia, porém com muito diálogo e transparência. O pai está aposentado e trabalhava como Comerciante; a mãe como Dona de Casa. Relatou ter um bom relacionamento com a família que é unida e amorosa.

Afirmou não ter problemas de saúde e praticar corrida. Como hobbie gosta de esportes: futebol e automobilismo.

Para manter-se atualizado realiza cursos e muita leitura. Mantém um excelente networking. Definiu o seu estilo de trabalho como sendo dinâmico e empreendedor.

Tem ampla experiência como principal gestor nas áreas Financeira (inclusive negociação com bancos), RH, DP, Jurídico (civil e trabalhista), Informática (com implantação de ERP), Contabilidade (gestão interna e terceirizada), Custos, Qualidade (acompanhamento de certificações de qualidade ISSO 9001, 14000 e 18000), Auditorias internas e externas, com excelente relacionamento com as principais empresas de auditoria e Planejamento Estratégico.

As principais características do candidato são: liderança pró-ativa hands on, conhecimento técnico, vivência na gestão de pessoas, motivador, empreendedor, controlador, focado em resultados, responsável, conciliador e estrategista.

Com ótimo conhecimento na elaboração de planilhas, gráficos, macros e seus aplicativos e domínio da matemática financeira HP 12C, Excel e outros.

Considera fundamental saber liderar pessoas. Em sua carreira liderou equipes de três até 57 profissionais, desde estagiários até gerentes de área. Disse que uma equipe unida e motivada é a que traz resultados, ou seja, não adianta apenas profissionais com amplos conhecimentos técnicos, pois a gestão de pessoas com liderança apropriada e motivação constante se traduz em resultado. Acredita que administrar bem os conflitos é saber ouvir todos os envolvidos, analisar os fatos e buscar a melhor solução para a empresa e as pessoas sem criar outros problemas.

Desenvolveu sua carreira baseado em crescimento pessoal e profissional sempre sustentado por seus valores éticos e morais, mas acredita que tem ainda bastante a ensinar e principalmente aprender a ensinar – sem ser modesto, mas absolutamente racional. Estará feliz onde puder visualizar seus resultados, aplicar seus conhecimentos, ter oportunidades de desenvolvimento e crescimento, ser reconhecido e poder contribuir para o crescimento da empresa e das pessoas.

Trabalhou como principal executivo da área financeira em empresas de médio e grande porte, nacionais e multinacionais, dos seguintes seguimentos: construção civil, tecnologia e telecomunicações. Tem o idioma inglês fluente e espanhol para conversação. É graduado em Administração de Empresas (PUC) e MBA em Controladoria na FEA/USP (2004), com diversos cursos de atualização.

Sua prioridade é o seu desenvolvimento pessoal e profissional contínuo, conseguir conciliar/equilibrar a vida familiar com a profissional, formar pessoas/equipes, aprender sempre, educar e orientar seu filho. Está comprometido com tudo o que está envolvido – não faz distinção.

Sua orientação motivacional é a colaboração, fazer o bem, aprender e ensinar. Como legado, gostaria de deixar: integridade, ponderação, honestidade, transparência e respeito.

Percebe que o mundo está muito difícil, mas não se desanima com essa constatação. Muito pelo contrário, acredita que o momento exige determinação, disciplina e preparo. Também pensa que "podemos tornar a vida mais fácil com amor e respeito ao próximo".

Sobre o fracasso, lida com naturalidade e humildade. Sua visão é abrangente porque contempla a racionalidade, a integração, a realidade, o sonho e o ideal. Sua maturidade emocional, após sete anos de terapia, está equilibrada. Domina as emoções, principalmente frente às situações complexas e de forte pressão, com muita calma e ponderação. Procura analisar a situação e depois decidir qual ação deve tomar. Para solucionar problemas é ágil, além de racional e ponderado, buscando sempre o melhor resultado para todos.

Suas principais forças são: estratégia, energia, superação, determinação e justiça. Acredita que o seu desempenho é muito bom, eficiente e com qualidade.

Sua vida familiar é normal. Com família unida, verdadeira e com conflitos normais. Com poucos, mas bons e fiéis amigos – e muitos conhecidos. Para os próximos cinco anos gostaria de continuar crescendo profissional e pessoalmente, atingir o máximo possível com integridade e respeito.

Demonstra ser carismático, honesto, batalhador, fiel, sincero, transparente, ponderado, exigente e sempre procurando melhorar, reconhecer seus erros e deficiências. Boa apresentação e postura profissional. Boa comunicação oral e escrita.

Seu último salário foi de R$ 20.000,00, sendo que R$ 12.000,00/CLT + PJ + benefícios. Sua pretensão salarial é negociável (PJ ou CLT), tendo como referência os valores acima.

Conto

A QUINTA COLUNA

João Batista Natali, paulistano, 64 anos, é jornalista e professor. Foi por 38 anos repórter, correspondente na França e editor na Folha de S. Paulo, da qual é hoje colaborador. Leciona ética jornalística na Faculdade Cásper Líbero. Formou-se em jornalismo (ECA-USP) e filosofia (Paris-8); mestrado (Escola de Altos Estudos em Ciências Sociais, França) e doutorado (Paris-13), ambos em semiologia. É casado com Daniele Natali e tem dois filhos, André e Heitor.

Bem que ele desconfiou. Ela era excepcionalmente bonita ao se apresentar como governanta. Tinha se separado recentemente. Precisava de alguém que fizesse as compras da casa, que telefonasse ao motorista quando ele estava pronto para algum compromisso da empresa, que desse as ordens corretas à faxineira. O nome dela? Alice. Era quase tão alta quanto ele, que se julgava um homão por seus mais de um metro e oitenta. Olhos escuros, muito brilhantes e cabelos castanhos claros.

Alice era uma máquina de eficiência. Em nada falhava. O apartamento estava sempre impecável. Antes de ir embora (sempre depois das 16h), deixava separados os jornais que ele gostaria de ler à noite, anotava na revistinha da distribuidora de TV paga os filmes que ele gostaria de assistir, tomava a iniciativa de assinar revistas de negócios que poderiam ser úteis para ele.

Vestia-se de um modo muito recatado. Em nenhum momento deu a entender que poderia ser sua amante.

Não era esse, obviamente, o objetivo dela. Aos poucos, quando ele passou a fazer algumas confidências sobre o trabalho, ela se fez de indiferente. Ouvia com atenção. Mesmo quando ele passou a relatar as noites de insônia em razão de um projeto de joint-venture que sua empresa planejava praticar com a principal concorrente. Seria uma oferta de compra. Algo confidencial.

Alice dizia não compreender muito essas coisas. Argumentava que gostaria que as empresas e os países se relacionassem como se fossem pessoas, olhos nos olhos, uma relação de confiança que, se existisse, seria ilimitada. E que, se não existisse, geraria desentendimentos, crises e confusão. Aparentava ingenuidade, a esperta da Alice. E ele, sem ninguém para conversar, tomou-a como uma espécie de confidente.

Eis que um colunista de um dos principais jornais econômicos anunciou que a empresa "x" reagiria com unhas e dentes para não ser comprada pela empresa "y", da qual ele era diretor. Crise interna. Como é que a informação vazou?

Contrataram uma empresa de investigação. Que passou a grampear telefone, e-mails. E chegaram justamente a casa dele. Numa conta de email que ela abriu especialmente para isso, Alice passava seus relatórios para o concorrente que a contratou.

Ele fez de conta de que ela não havia sido descoberta. Telefonou naquele mesmo dia para ela, sugerindo que jantassem juntos. Ela aceitou, esperou por ele. Jantaram e, diante do ambiente favorável, terminaram a noite na cama.

Alice era uma mulher espetacular em termos de sexo. Ele nunca encontrara algo de tão delicado, de tão comedido.

No dia seguinte, foi bem cedo para a empresa e pediu imediatamente para ser recebido pelo presidente. Pediu demissão. Entre a empresa e Alice, ele ficou com a Alice. Que, por sua vez, também achou que a ideia era imperdível. Estão juntos até hoje. E já tiveram dois filhos.

Conto

SER HUMANO...

Rodolpho de Oliveira Estece nascido em São Paulo é sócio da Definite. Atuou no segmento financeiro, tecnológico e comercial. Tem uma vida simples, sem grandes badalações, e realiza trabalho voluntário em comunidade evangélica há 20 anos. É casado e tem duas filhas. Gosta de cozinhar, jogar futebol, fazer trilhas e tudo que se relaciona a natureza. Acredita na espiritualidade como fonte inesgotável de conhecimento, equilíbrio e sabedoria.

Como paulistano e urbano, estou habituado ao barulho do trânsito, a esperar lugar pra sentar no restaurante, trombadinhas, shopping, enchentes, estradas lotadas nos feriados prolongados, fazer trabalhos aos finais de semana e dar pouca atenção para aqueles que realmente se preocupam e me amam de verdade. Os anos passam e quando me dou conta, vejo que não prestei atenção a detalhes tão simples, mas imensamente importantes da vida.

Refletindo melhor acredito que estou em intenso treinamento desde minha infância, aprendendo a não tirar notas baixas na escola, não repetir o ano, não colar, não desrespeitar o professor ou o chefe, não atrasar, não ser ansioso, não ser contestador (politicamente correto), não..., não..., não..., resumindo não posso ser eu mesmo, tenho que ser aquilo que um conjunto de regras de "boas maneiras e costumes" determina.

Aos 44 anos sinto que, cada vez mais, fica quase impossível a difícil missão de assumir a condição humana, com falhas, inseguranças, medos, limitações, etc. Pois caso assuma essa condição (de humano), como vou ter sucesso na vida? Como irei conquistar uma posição de destaque na empresa onde trabalho? O que vão dizer meus "amigos"? E minha família, como fica?

"Eu tenho a força, sou invencível", assim que as coisas funcionam, assim que as pessoas estão tentando viver, é assim que as pessoas ao meu redor querem me ver sempre forte, de bem com a vida, seguro, sem vacilar, conhecedor de todos os assuntos, antenado com todas as novidades tecnológicas, realizando cursos de especialização a cada ano, fluente em pelo menos três idiomas, principalmente o mandarim, pois afinal de contas, a China está na crista da onda (até quando?)...

Alguns anos atrás, meu primo, um jovem de 38 anos, casado, com dois filhos adolescentes, com excelente formação acadêmica, atuando como executivo de uma renomada empresa multinacional americana, com uma vida totalmente estável financeiramente falando, ficou doente. Infelizmente o diagnóstico foi terrível, ele tinha um câncer raro. Aquele rapaz de 1:80 de altura, porte atlético (praticava basquete no Palmeiras), pesava aproximadamente 85 quilos, passou a definhar, após seis meses, estava pesando 45 quilos, sua voz estava muito fraca, precisava de ajuda até para alimentar-se e não tinha forças para subir a escada de sua casa. Naquele momento de sua vida, estava totalmente vulnerável e fragilizado.

O mais incrível foi quando um dia ele me disse: – Meu planejamento de vida furou. Achei que iria viver pelo menos até os 70 anos. Em razão disso, priorizei e me dediquei totalmente a minha carreira profissional deixando de acompanhar o crescimento dos meus filhos, o convívio com minha esposa e amigos mais próximos. Enfim, deixei de ser eu mesmo, para cumprir e seguir a 'cartilha do sucesso'. Sei que acertei e errei, mas o fato é que nesse momento da minha vida, tudo aquilo que achava que não tinha tanta importância, como Deus, família, amigos e amor, são exatamente os pilares que estão me sustentando. Apesar da minha enfermidade posso ter momentos de alegria, paz e felicidade.

Após dois anos de luta contra a doença meu primo faleceu, deixando esposa, dois filhos e uma lição que foi um marco na minha vida. Nos porões de minha alma e no mais profundo dos meus pensamentos, tenho absoluta certeza que a cartilha do sucesso não é, nem de longe, a melhor coisa que podemos ter. Minha percepção é que todos nós estamos doentes, alguns em estágios mais avançados, outros estão retardando um pouco o inevitável.

Sinceramente, não sei se temos como abandonar a "cartilha do sucesso", mas sei que certas páginas já rasgaram. Na medida em que amadureço como pessoa (ser humano) sei melhor o que vale e o que não vale a pena investir na vida.

Não estamos nesse mundo por acaso, temos uma missão, que certamente é muito maior do que cumprir um grupo de regras e normas. Precisamos deixar um legado que ladrões não possam roubar e que terremotos não possam destruir. Um legado que prevaleça mesmo em crises financeiras e quedas na bolsa de valores.

Não me considero uma pessoa acomodada e não desisti de lutar pelos meus objetivos de vida, mas quero ser humano.

Relatório 4
Cargo: **Engenheiro Mecatrônico**

Resumo da Entrevista

Natural da cidade de São Paulo, 27 anos, solteiro e sem filhos. Reside com os pais em Itu, porém tem disponibilidade para mudar para São Paulo. Recebeu educação flexível, em que os principais valores foram: responsabilidade, valor ao próximo e persistência para resolver os problemas. Definiu a família como sendo seu principal pilar, com relacionamento muito bom e de muita cooperação.

Relatou não ter problemas de saúde. Pratica esportes radicais. Para se divertir gosta de tocar teclado e guitarra.

Demonstrou ter como pontos fortes, profissionalmente: organização, responsabilidade e trabalho em grupo. No entanto, precisa adquirir experiência profissional, uma vez que toda a sua experiência é acadêmica.

Para manter-se atualizado consulta a internet, livros e busca informações com o orientador do mestrado.

Definiu o seu estilo de trabalho como sendo em equipe, para propor melhorias e estudos sobre os projetos.

Espera que a futura empresa contratante propicie projetos desafiadores e crescimento profissional. Em contrapartida compromete-se em ser um profissional dedicado.

Com idioma inglês fluente. Técnico em Eletrotécnica. É graduado em Engenharia Mecânica pela UNICAMP. Pós-graduado no nível Mestrado na UNICAMP. Tem como objetivo profissional pesquisar e desenvolver novas tecnologias e soluções. Realizou diversas publicações em revistas científicas. Tem experiência nas seguintes ferramentas: CAx: Solid Works, Cosmos (CAE), Solid Edge, Unigraphics (CAD, CAM, CAE), Pro-Engineer (CAD, CAE), Catia (CAD) e AutoCAD. Para programação utiliza: C, C++, Visual Basic, Assembler (PIC), LabView.

Relatou que sua vida pessoal está equilibrada. Apresenta-se com educação e discrição. Boa apresentação pessoal e postura profissional. Demonstra ser objetivo e sempre procurar soluções simples. Responsável, criativo e com valores sociais consistentes, além de muito inteligente. Boa comunicação oral e escrita.

Para o futuro pretende primeiramente adquirir experiência profissional, posteriormente realizar viagens para outros países. Sonha trabalhar em uma instituição internacional ou em uma empresa multinacional para adquirir experiência internacional.

Seu último salário foi de R$ 1.000,00 (bolsa de estudos) + benefícios.

Sua pretensão salarial é de R$ 3.000,00 + benefícios.

Realizou os testes com tranquilidade e um pouco de lentidão, porém com muita concentração.

Está participando de outros processos seletivos.

Suely Cândido

Conto

DIA NORMAL DE TRABALHO?

Marcelo Aires tem 27 anos, é artista plástico, grafiteiro, desenhista, skatista e toca bateria numa banda de punk/hardcore. Trabalha também numa consultoria de recursos humanos. Contato: tailhc@hotmail.com

A VIDA SECRETA DOS PROFISSIONAIS

Relatório 5
Cargo: **Gerente de Logística**

Resumo da Entrevista

Natural de Cabreúva/SP, 44 anos, casado há 14 anos. É pai de três filhos, com as idades de doze, nove e dois anos. A esposa trabalha como estilista.

Recebeu educação conservadora, em que os principais valores foram: honestidade, dignidade e princípios religiosos. O pai está aposentado e trabalhava como comerciante; a mãe sempre trabalhou como dona de casa. Definiu o relacionamento familiar como sendo saudável e aberto. Relatou ter uma relação madura e positiva com os pais. Afirmou não ter problemas de saúde. Pratica esporte: corrida (na esteira). No lazer, gosta de programas em família.

Acredita que tem como pontos fortes, profissionalmente: persistência, facilidade no relacionamento com todos os níveis hierárquicos, obstinação para atingir os resultados esperados e uma oscilação bastante positiva: em alguns momentos é mais forte na estratégia e, em outros, no operacional. Acredita também que precisaria ser mais afetivo profissionalmente, pois normalmente não reconhece os sentimentos das pessoas.

Para manter-se atualizado, consulta a internet, participa de feiras e tem um bom networking.

Definiu o estilo de trabalho como sendo de decisões rápidas.

É um profissional que busca sempre tornar as operações logísticas um diferencial competitivo para a empresa em que trabalha independente do ramo de atuação. Pensa que a empresa precisa economizar dinheiro com os processos logísticos, caso contrário deixa de ter sentido e importância no negócio da companhia. É desta forma (reduzindo custos) que vem atuando e contribuindo para o sucesso das empresas por onde passou. As suas principais atuações sempre estiveram voltadas para integrar as operações logísticas ao negócio, buscando melhorar o resultado global da companhia.

Tem sido responsável por todo o Supply Chain da companhia, atualmente no segmento Varejo de grande porte (Editorial). Argumentou que é uma atividade bastante desafiadora, uma vez que a gestão da carteira de pedidos, dos estoques, da margem de contribuição dos produtos e dos custos logísticos, afeta diretamente o resultado da companhia.

Sua principal característica como gestor é "criar" uma equipe de trabalho muito comprometida, alinhada com a companhia e disposta a trabalhar duro para obter os resultados. Delega responsabilidades a todos, cobrando os resultados e comemorando os sucessos.

Nas equipes com as quais trabalhou até agora, buscou sempre atribuir responsabilidades, desenvolvendo a visão global, deixando clara a importância de cada um na atividade que realiza e o impacto no negócio da companhia. Acredita que a maior motivação vem das pessoas sentirem-se úteis, reconhecidas e com oportunidades de desenvolver as suas carreiras.

Tem ótima argumentação, flexibilidade, capacidade de adaptação e solução de problemas. Acredita que os conflitos no ambiente de trabalho são inevitáveis e até mesmo saudáveis. Pensa que o que não pode acontecer é que os problemas sejam levados para o lado pessoal e com isso aconteça uma guerra de vaidades. Exige posturas profissionais.

Trabalhou em cargos estratégicos da área de logística em empresas de médio e grande porte, de diversos segmentos: telecomunicações, editorial, logística e transportes. Realizou viagens profissionais ao exterior, com idioma inglês fluente. Tem perfil empreendedor e empresarial, estratégico, porém "hands on".

Tem domínio nas seguintes ferramentas:

Gestão do Orçamento Empresarial (DRE);

Gerenciamento de custos e controle da Operação (Rede de indicadores de desempenho);

Gestão Participativa com distribuição de lucro;
Gestão por Centro de Custos;
Gestão da Qualidade (Pareto, histograma, PDCA, Benchmarking, outros)
Gestão de pessoas com aplicação de avaliação de desempenho individual.
Sistema ERP e WMS.

Seus principais investimentos feitos na carreira profissional: Engenharia na Escola Politécnica da USP, Curso de MBA em Gestão Empresarial pela FGV e Curso de Ingles.

Tem uma boa experiência no varejo, adquirida principalmente em uma grande editora. A sua missão nesta empresa foi reestruturar a Logística e torná-la um diferencial competitivo para o negócio (sua atuação transformou-se em um "case" de sucesso para comunidade de logística). Foi necessário redesenhar os processos e o sistema ERP; precisou treinar as pessoas para trabalhar em ambiente organizado; reformular a gestão dos estoques (giro e margem de contribuição).

Por ser um grande empreendedor, gostaria de trabalhar em uma empresa que tenha objetivos de crescimento ousados, e que lhe permita crescer junto com ela, tanto em posições como em remuneração. Onde possa ter autonomia sobre as suas ações, com as respectivas responsabilidades atribuídas.

Seus planos, objetivos e prioridades são os seguintes.

Na vida profissional, contribuir para levar a companhia em que estiver ao crescimento e crescer junto com ela – inclusive na questão financeira.

Na vida particular, é educar seus filhos nos conceitos morais éticos e religiosos que preza, para que eles possam se tornar adultos com valores consistentes. .

O seu compromisso maior é com a sua família. Depois com a sua carreira profissional, sempre atrelada à ideia de que o seu desenvolvimento reflita em resultado para a empresa.

Gosta de enfrentar grandes desafios com a oportunidade de colher grandes resultados. Gosta de ser reconhecido pelo seu empenho.

Tem muita disposição para o trabalho duro. Acredita que a honestidade é sempre o melhor caminho e que nunca se deve abandonar o convívio com a família. Pensa que o mundo hoje vive um conflito muito grande de valores. A influência da proximidade das diversas culturas mundiais em função da Globalização auxilia na geração desses conflitos. Tudo está acontecendo muito rápido, por isso acredita que as pessoas estão ficando confusas e encontrando dificuldade para absorver tudo o que é gerado de novo o tempo todo.

Emocionalmente, está amadurecendo. Atualmente consegue ouvir uma crítica sem que isso provoque uma revolta interna. Aprendeu a ouvir o que falam e a refletir. Controlar as emoções é seu exercício diário. Mas o seu segredo para atingir o autocontrole é o autoconhecimento. Precavido, tenta identificar sempre as variáveis nas situações como num jogo de xadrez. Sua forma de solucionar problemas é mergulhando de cabeça no problema. Demonstra que o seu desempenho é bem agressivo para obter o que deseja ou persegue.

A sua vida social está muito ligada aos amigos e familiares mais próximos. Gosta bastante de passeios e/ou viagens. Frequenta também a Igreja com regularidade para zelar pelo lado espiritual.

O candidato é uma pessoa aparentemente modesta, porém com capacidade de raciocínio bastante rápido e sofisticado. Sua origem é de uma estrutura familiar e educação simples, no entanto isso o ajudou bastante a se relacionar com pessoas de diferentes níveis na hierarquia das empresas. É muito persistente e astuto para conseguir o que quer. Não desiste facilmente com os "nãos" que recebe; pode até recuar no momento, mas logo volta novamente. Tem ótima capacidade de liderança. Um pouco vaidoso, gosta de ser reconhecido em público pelo trabalho que realiza. Procura ser frio/racional em situações complicadas. Apresenta-se com educação e muito profissionalismo. É pró-ativo, curioso, responsável, corajoso, persistente e organizado.

Salário atual de R$ 10.500,00/CLT + R$ 2.000,00/ PF + carro + combustível + celular + plano de saúde. Sobre sua pretensão salarial, está aberto para receber uma proposta que seja um diferencial em relação a sua posição atual.

O que o levaria a aceitar outra proposta de trabalho, após ingressar em uma nova empresa, seria em função de uma proposta e condições de trabalho acordadas, porém não cumpridas.

A empresa contratante deve esperar que o candidato seja um profissional empenhado no crescimento sustentável da empresa, pois assim terá oportunidade de crescer junto com ela.

Está participando de outros processos seletivos.

Conto

NÃO AGUENTO MAIS? NUNCA MAIS!

Francisco Sergio Cirilo é Professor de Pós Graduação na área de saúde da PUC/POA, Consultor de Empresas, Terapeuta, Coach e Diretor da Dhignity Holistic Institute. Especialista na condução de grupos focados em gestão estratégica, mudanças comportamentais e desenvolvimento de lideranças. Entre em contato pelo e-mail: cirilo@dhignity.com.br

Minha experiência me leva a acreditar que o prazer de viver se expressa através de encontros e confrontos com a surpresa! É incrível como tudo, absolutamente tudo, é impermanente!

A natureza dos acontecimentos e da existência possui uma imensa complexidade. Tudo depende do momento e do ponto de vista. Em um belo dia quente de verão temos um lindo sol. De repente, não mais que de repente, aparecem algumas nuvens negras e uma tremenda chuva acaba desabando do céu. Para os moradores de uma metrópole calorenta é muito bom e as pessoas agradecem a água gostosa e refrescante. Já aqueles que moram em locais alagadiços...

Numa bela manhã de terça feira eu estava refletindo sobre a complexidade da vida e vejam só o que estava acontecendo. Eu havia conseguido agendar três candidatos para entrevistar. A empresa cliente estava pressionando, pois tinha muita pressa. O Gerente de RH havia me dado um ultimato. Só esperariam até o final da tarde. Na quarta promoveriam um gerente que, embora não possuísse as qualificações necessárias para a vaga de Diretor, estava disponível e já conhecia a empresa. Caso eu não conseguisse selecionar um bom candidato naquela manhã, a empresa faria uma péssima escolha e eu perderia semanas de trabalho nesta vaga. Este era o principal motivo pelo qual eu achava que estava ansiosa naquela manhã.

A primeira entrevista foi um fiasco. O candidato mentiu em vários momentos e, fazendo piadinhas sem graça, de fato parecia bastante deprimido.

O segundo tinha um excelente currículo e quem indicara havia garantido que o candidato possuía o perfil que se encaixava perfeitamente para atuar como diretor de uma multinacional. Com boa formação, falava perfeitamente quatro línguas. Dirigiu empresas em momentos de crise e mostrava saber encontrar soluções inteligentes e aproveitar as oportunidades do momento. Possuía uma ótima aparência, embora estivesse um pouco acima de seu peso ideal. Seus três filhos estudavam em bons colégios e a esposa era diretora em uma escola de segundo grau. Enfim, tinha conhecimento técnico necessário, experiência e vida pessoal consolidada.

A entrevista caminhou maravilhosamente. Sua empatia e determinação criaram um rico campo para que no final chegássemos a compartilhar a vida, como duas pessoas maduras. Entretanto, de repente, do nada, Alfredo travou total e disse com muita objetividade:

– Senhora selecionadora, posso lhe dizer uma coisa?

Ao que eu respondi, quase sem me preocupar com o risco de não preencher a vaga:

– Claro, fique à vontade.

Vermelho, com os olhos cheios d'água e uma pequena sudorese sobre a testa, disse algo surpreendente.

– Subitamente percebi que esta nossa entrevista migrou para uma experiência muito especial e diferente. Sabe o que é? A forma como a senhora me ouviu e conduziu a entrevista permitiu que juntos construíssemos um momento onde a verdade e o respeito passou a ser o alicerce de cada uma de nossas palavras. Esses são os princípios que me fizeram, ao longo de mais de 15 anos, cuidar de jovens inexperientes e de adultos donos de verdadeiras fortunas. Como a senhora, trato das pessoas com extremo respeito e carinho, entretanto percebi, agora, neste exato minuto, que socorro e cuido de todos e não estou fazendo o mesmo para comigo. Este momento está sendo muito forte. O filme de toda minha vida passou em segundos e confesso que é difícil reconhecer que estou cansado. O fato de possuir a imagem de grande líder diante das pessoas é muito complicado. Acabo me obrigando a viver numa imensa solidão. Sinto-me super-herói para cada um deles e acabo, por conta disso, habitando o cárcere chamado de "a solidão do poder". Por esse motivo fico sem ter condições de compartilhar minhas próprias dificuldades. Desculpe por me colocar desta maneira, é que de repente veio esse insight. Sinto-me obrigado a cuidar das dificuldades de minha própria vida e ao mesmo tempo ter que manter-me forte e invencível aos olhos de todos que me cercam. Isso é muito cruel. Tem um lado meu que se realiza com o fato de que todos me veem como super- herói, só que não aguento mais ter que ser esta fortaleza. A senhora criou uma determinada condição que não tive mais como me manter nesta farsa. Tenho 38 anos e não posso mais perder tempo com maus tratos a mim mesmo. Gostaria de lhe confidenciar umas histórias. Posso?

Nisto toca o telefone. Atendo e vejam só, era o terceiro candidato a esta mesma vaga dizendo que estava com problema e que não chegaria a tempo para a entrevista.

– Alfredo, permita-me esta intimidade. Essa verdade há muito habita seu peito. Chegou a hora de permitir a entrada de oxigênio. Você está com sorte. Meu próximo entrevistado ligou dizendo que não virá. Vai em frente. Pode contar.

– Sabe como me sinto? Como num confessionário. Agradeço a Deus por esta oportunidade. Você vai ouvir algumas confissões de um super-herói.

Nessa hora ele tirou seus óculos, colocou em cima da mesa e começou a falar. Agora com vigor. Foi muito bonito ver a consciência "tomando" posse daquele senhor.

– Sabe, sou filho mais velho e desde cedo assumi ser um modelo para meus irmãos. Meu pai era vendedor e viajava de segunda a sexta. Com isso, desde meus nove anos, eu cuidava de pagamentos, levava meus irmãos na escola, ajudava minha mãe em casa. Via meus amigos brincando e pensava: e eu? Quando vou brincar? Fui crescendo. Ficar com a moçada ouvindo música, ir num bailinho? Grana para sair com uma garota? Tudo isso sempre me neguei. Não que meus pais fossem carrascos, era a vida que era severa. Até me orgulhava disso tudo, sabia que era o grande guerreiro. Só que, com o tempo, veio um cansaço muito grande. Concluí: Não aguento mais. Comecei a estudar.

– Minha primeira esposa era uma garota caçula. Com o tempo descobri que o pai era alcoólatra e acabei assumindo o papel de apoiador e conselheiro da família. Pensava: tudo bem. Tenho experiência com minha mãe e meu pai, vai ser fácil... Doce ilusão. Só complicação. Com o tempo, embora feliz por ter ajudado minha mulher, me cansei desse povo todo, em especial de um irmão que só queria curtir festas, beber e que pouco trabalhava. Inclusive ele acabara com a frente e a lateral de um Opala seis cilindros. Foi meu primeiro carrão. Pediu emprestado para ir à padaria da esquina, só que bebeu todas e o estrago foi grande.

O pior é que após o fato todos vinham na minha orelha e pediam para que eu tivesse calma por que ele não tinha um bom modelo de homem, é um pobre menino. De repente veio um mal estar e uma sensação: Não aguento mais. Sumi daquela situação.

– Casei novamente. Descobri que ela era meio mimada, do tipo muito frágil, mas era também muito carinhosa. Diante desse quadro, trabalhava, estudava, dormia de duas a cinco horas todos os dias, de segunda a segunda. Nessa época defendia só arroz com feijão, mas fiquei muito feliz porque o professor que dava aula de gestão e processos me convidou para uma pesquisa especial. Ralei uns três anos. Os dados ficaram excelentes. Conheci e aprendi a tratar com muitas ONGs e entidades governamentais, nacionais e internacionais. Na empresa isso me ajudou muito. Passei a ter uma visão muito profunda da dinâmica do negócio e do mercado. Falei para a minha chefia que estava fazendo um trabalho fora de série e que eles iriam gostar muito. Para minha surpresa, quando os dados estavam compilados e prontos para publicação, o professor de gestão me deu uma gelada e fiquei pasmo ao ver que sua tese de doutorado foi conquistada com o meu suor. O "cara" publicou e não mudou uma vírgula do que escrevi. Descobri por que ele era tão legal comigo. Passei um carão com o pessoal da empresa. Com o perdão da palavra, foi muita sacanagem. Aprendi que não se pode confiar em promessas, em especial às ligadas à "super-hiper" parceria. A mesma frase apareceu na minha cabeça: Não aguento mais. Sumi do ambiente acadêmico.

– Carrego na lembrança muitas histórias como estas. Para fechar a conversa, vou contar a ultima história de super-herói. Sim, porque já basta. Estou aposentando sim este personagem. No meu último emprego fui contratado para colocar a área de logística em ordem. Fiquei uns dois anos para alinhar comercial com produção, cuidar da logística, definir processos, formar a liderança e, em especial, ajudar a direção na definição da missão e principais objetivos. Era uma empresa familiar e se encontrava em transição. O pai, de setenta e dois anos, estava se afastando e cinco filhos e suas esposas disputavam o poder. Sete desses personagens trabalhavam na empresa, quer dizer, era uma verdadeira briga de foice no escuro por conta da sucessão. Acabei sendo o número um da empresa e fazia de tudo. Atuei como psicólogo, psiquiatra, general, office-boy, padre, pai de santo, tudo que você imaginar... Para minha surpresa, agora no final do ano passado, com a crise no ramo, o que escuto do velho? Não podemos mais arcar com as despesas relativas a você. Estou muito grato a você por me fazer ver que meu filho caçula, que acabou o curso de especialização nos Estados Unidos, é o mais indicado para assumir sua função. Você poderia passar mais algumas semanas na empresa para orientá-lo? Claro que lhe pagaremos um bônus e preciso evidenciar que estamos imensamente gratos por tudo que você fez para a gente.

– Senhora selecionadora, deixei de ir à formatura de minha filha, me distanciei de amigos e veja o que recebi! NÃO AGUENTO MAIS. Eu não vou dar orientação pra ninguém. Não aguento mais!

Então eu lhe disse: – Alfredo tomara que este insight mude sua vida de fato. É fantástica esta clareza de que pode deixar de ser sempre o "bonzinho"! O que você contou mostra uma vida que mais parece uma história em quadrinhos, onde você tinha que salvar e cuidar de tudo e de todos. Uma vida distante do convívio com a realidade.

Alfredo se soltando disse com suavidade:

– Sabe senhora, falo do fundo do meu coração. Caso não consiga esta vaga, saio daqui extremamente satisfeito. Jamais em minha vida, pude me assistir dessa forma. Tive duas surpresas muito positivas. Uma é a rapidez da minha mudança. A outra é que agora sei que posso contar com um grande amigo, eu mesmo.

Emocionada, eu lhe falei: – Fico feliz por tudo isso. Também lhe sou grata. Não tem presente melhor do que assistir o despertar da verdade no coração de uma pessoa. Esse é o maior e o mais poderoso soro contra todos os venenos. Estou diante de um homem que está curando suas próprias feridas. Parabéns.

Alfredo se retirou com a mesma integridade que me cumprimentou inicialmente. Mas havia uma grande diferença. Era visível a dignidade consigo mesmo e o prazer de ser dono de sua própria caminhada.

E eu? Fechei a vaga? Yessss! Ele conseguiu a vaga esperada e está com performance e vitalidade excelentes diante de seus novos desafios. Agora somos amigos e ele me liga periodicamente. Continua a compartilhar sua intimidade, só que agora dentro de uma perspectiva muito diferente. Disse para mim outro dia:

– Sabe aquilo de Não Aguento Mais? NUNCA MAIS!

Conto

MIOPIA LOGÍSTICA

Luis Cláudio Pontmercy é Engenheiro de Produção pela Escola Politécnica da USP e empresário do setor de Automação. Foi Territory Manager de multinacional na área de Tecnologia de Automação e atuou como consultor para uso da Automação na otimização dos transportes de cargas e encomendas através da tecnologia de identificação eletrônica e de rastreamento de objetos.

Recepção da Consultoria. Eu aguardo minha entrevista para um cargo de Gerente de Logística. Sei que estou preparado para responder a todas as perguntas, exceto aquela que às vezes fere de morte o coração dos candidatos: "por que o senhor saiu da empresa anterior"?

Trabalhei durante nove anos na divisão de Logística de um grande distribuidor de cobertura nacional. Escalei rapidamente a hierarquia, desde analista, supervisor até gerente de Logística, liderando uma equipe de cinquenta e dois funcionários em quatro cidades. Meu diretor, o Peres, ao perceber que eu "dava conta do recado", distanciou-se da operação, passando a ter uma atuação mais política. Na minha visão, ele só queria saber de "oba oba" pois não perdia um evento de clientes, fornecedores, festas, etc. e passava o tempo alimentando um vasto network, inclusive com a presidência e um grupo seleto de acionistas. Quem trabalhava mesmo éramos eu e minha equipe.

Entretanto, nas importantes reuniões do board, ele, grande orador, chamava para si os louros da Divisão e jamais deu os créditos à equipe que tinha, muito menos a mim, que, na prática, montei e dirijo aquele departamento. Eu e meus liderados vivíamos na desconfortável sombra do anonimato. A minha desmotivação pela falta de reconhecimento foi inevitável. Minha única chance de promoção naquela estrutura seria ocupar o cargo do Peres. Dar publicidade da minha competência profissional era uma ameaça para o seu emprego.

Decidi, então, que eu teria que engendrar minha própria ascensão na companhia e elaborei um plano genial.

Venderia ao Peres e outros diretores a ideia de que o caminho para recuperação das margens de lucro dependia de uma Logística abrangente e eficaz. Deveríamos crescer e explorar a nova matriz de transportes que o governo anunciava, além de explorar a cabotagem, aumentar nossa participação na malha ferroviária, nas rotas multimodais, envolvendo linhas aéreas e aeroportos subutilizados com baixos custos operacionais, enfim, ampliar as atividades da empresa com foco na Logística. Com isso, surgiria a necessidade de quebrarmos a Divisão em duas, deixando a parte política com o Peres e criando-se o cargo de Diretor de Operações Logísticas, cujo candidato natural era, obviamente, eu. Em pouco tempo, com uma cadeira no board, eu deixaria claro quem é quem na Logística da empresa e rapidamente a atuação do Peres seria minimizada. Possivelmente, ele seria demitido "por falta de uso".

Mas esse plano carecia de um apoio de peso na organização. Lembrei-me da "deliciosa Andréia", gerente de Marketing, casada, com quem tive um caso secreto por oito meses algum tempo atrás. Um dia, sem mais nem menos, ela encerrou nosso caso sem motivo aparente. Não explicou nada, mas, como não havia envolvimento afetivo, continuamos amigos.

Andréia era do tipo que grita quando atinge o orgasmo. Como poderia esquecer! Nossos segredos a credenciavam para eu contar com a sua cumplicidade. Casada, ela teria muito a perder se revelasse o plano a alguém. Assim fiz. Propus um almoço, ela aceitou, ressaltando que não estava aberta a uma reinvestida da minha parte. Esclarecidos meus objetivos, acedeu.

Expliquei o plano, ela entendeu rapidamente e prometeu resposta para o dia seguinte. Foi naquela manhã chuvosa de quarta-feira que ela me ligou ainda no carro para dizer que "estava dentro" e me apoiaria, "contanto que eu trabalhasse para potencializar também seu Departamento de Marketing." Apoio costurado, negócio fechado.

Chegou o grande dia e eu chamei a Andréia para me ajudar na apresentação do plano ao diretor. Detalhei as ideias. Ela, como esperado, reforçava e dava consistência à minha linha de argumentação. A reação do Peres foi surpreendentemente rápida e positiva. Gostou muito do plano e logo tratou de convocar uma reunião com a Presidência e o board dos quatro principais acionistas. As coisas estavam andando muito mais rápidas do que eu imaginava. Por um segundo, cheguei até a estranhar tamanha agilidade.

Mas foi numa noite de quinta-feira, após o expediente, que eu pude compreender tudo: peguei a Beth, minha namorada, no bairro vizinho e o trânsito estava lento. Bem à minha frente estava o inconfundível carro do Peres, um Ford Taurus 2006 Azul. Sentada ao seu lado, ninguém menos do que a Andréia, minha sócia e confidente do plano. Entraram no motel mais chique da região, daqueles a que eu só ia uma vez por ano, em ocasião especial, e mesmo assim, no quarto mais barato. Parei o carro, meu queixo caiu. Com os olhos vidrados, vi todo o filme passar na minha cabeça. Imaginei-me já num cadafalso, corda no pescoço, apenas esperando o chão sair debaixo de mim. Minha namorada precisou me chacoalhar para me tirar daquele transe, olhos vidrados. "O trânsito andou". Só consegui dizer: "Tô fudido", enquanto a Beth, sem nada entender, franzia a testa e arredondava a boca aberta como se estivesse falando: hãã?

No dia seguinte, perguntei para uma secretária (elas sempre sabem de tudo!) sobre o casamento da Andréia: – "Ela se separou há uns seis meses e já está com outro homem." Batata! Era o Peres. Eles eram mais do que amantes. Mais que um caso. Tinha cumplicidade, confidências, parceria. E pensei em voz alta pelos corredores: "- Como eu pude me descuidar desse detalhe...?".

Chegou o dia da apresentação ao board. Meu instinto me fez levar a minha carteira profissional. O Presidente tomou a iniciativa, enquanto o Peres, sem dizer palavra, não tirava os olhos de mim:

– Sr. Fabrício Bhering Correia da Silva. Seu plano realmente foi quase perfeito. Mas o senhor esqueceu que o papel do seu diretor é o de contratar profissionais como você para gerenciar o lado operacional. Assim, ele se permite cuidar das interfaces externas da sua divisão, seja com acionistas, na busca de aprovação de fundos, com clientes na busca de contratos, com fornecedores na busca de confiança e com os associados internos na busca de colaboração e engajamento. São aspectos da vida profissional que o senhor não consegue enxergar. Visando exclusivamente um benefício pessoal, o senhor estava prestes a colocar as finanças da companhia em risco e armou uma cilada para um dos nossos principais diretores. Não compreende a diferença entre ambição e ganância. A primeira constrói e a segunda cega. O senhor tem uma visão estreita sobre o que é desempenho profissional. É um bom gerente, mas nunca será um bom diretor, visto que lida bem com a operação, mas não percebe o jogo de forças que governa o mundo dos negócios. Apesar de ser uma grande perda para nossa empresa, o senhor está demitido.

Nosso abrupto e inexplicável rompimento era o início de um caso com o Peres. Ninguém percebeu, mas agora tudo fazia sentido. Não me importa que a Andréia tenha arrumado outro amante, mas jamais a perdoarei pela traição no meu plano. Talvez ela pense o mesmo de mim. A vida há de nos julgar.

Enquanto aguardo a consultora me chamar desejo que não faça aquela pergunta.

Relatório 6
Cargo: **Auxiliar de Escritório**

Resumo da Entrevista

Natural da cidade de Natal/RN, 28 anos, divorciada, mãe de duas filhas. Reside no bairro do Limão, com fácil acesso à Tamboré. As irmãs ajudam no cuidado com a filha.

O pai está aposentado, trabalhava como instalador; a mãe, falecida, como dona de casa. Recebeu educação tradicional em que os principais valores foram: boa moral, ética e respeito. Definiu a família como sendo normal, com ótimo relacionamento familiar.

Relatou não ter problemas de saúde e que pratica caminhadas. Gosta muito de ler, dançar e encontrar amigos.

Tem formação completa no segundo grau, atualmente está terminando o curso Técnico em Secretariado. Desenvolveu carreira operacional estável e consistente, ocupando cargos de recepcionista/telefonista, atendente, assistente comercial, secretaria júnior. Trabalhou em empresas de pequeno e médio porte. Tem experiência nas rotinas básicas de escritório, na análise de contratos simples, atendimento de call center (receptivo), elaboração de propostas comerciais, controle de Notas Fiscais e arquivos. Com idioma inglês básico e bons conhecimentos do Pacote Office. Realizou alguns cursos rápidos de aperfeiçoamento profissional.

Acredita que tem como pontos fortes, profissionalmente: organização, dinamismo, agilidade e pró-atividade. Acredita também que está em um momento de elaboração psíquica, está amadurecendo.

Para manter-se atualizada, consulta a internet, lê revistas e assiste noticiários.

Define o seu estilo de trabalho como sendo adaptável.

Gostaria de trabalhar em uma empresa que lhe proporcionasse oportunidades e reconhecimento profissional.

Sua vida pessoal está tranquila, mas ao mesmo tempo correndo em busca dos sonhos. Não está namorando.

Para o futuro planeja terminar a formação de técnico em secretariado, posteriormente fazer faculdade de Letras.

Apresenta-se com educação e muita simpatia. Ótima apresentação pessoal e postura profissional. Demonstra ser muito ativa, objetiva, flexível, empática, positiva, comunicativa, responsável e questionadora. De fácil integração profissional e altamente sociável. Boa comunicação oral e escrita. Perfil profissional operacional.

Seu último salário foi de R$ 835,00 + benefícios. Sua pretensão salarial é de R$ 1.000,00 + benefícios.

Conto

SER HUMANO – LADO "B"

Djalma Chiaverini Filho, 55, autodidata, é diretor executivo de uma empresa especializada em M&A. É autor de obras paradidáticas como "TC – Treinamentos Corporativos" e "Como realizar vendas de alta complexidade". Tem vários artigos publicados em revistas especializadas em TI e Administração de Empresas. Nas horas vagas é também ator profissional e assume vários papéis na vida como palestrante, arquiteto, artista plástico, escultor, pescador, desportista, percussionista, marido, avô, pai, filho, irmão e velho amigo. Ou seja, é um ser humano que, como todos os outros, além do lado "A", tem o lado B, C, D, E, F, G, H...

Nasci no interior do Piauí e vim ainda pequena morar na periferia de São Paulo com meus pais.

Sou a terceira filha de quatro irmãs. Meu pai, um homem severo e de modos rudes, sempre tratou a mim, a minha mãe e irmãs com muita brutalidade e agressões psicológicas, pois, para ele, nenhuma mulher no mundo presta!

Acho que foi por isso que minha mãe acabou morrendo... De tanto desgosto...

Ela era uma mulher muito determinada, mas também muito submissa. Nunca deu mole para as filhas mais velhas. Sempre exigiu as melhores notas, não permitia que chorássemos por nada e dizia que mulher tinha que aguentar firme! Não importando o que a vida apresentasse como percalço. Já com a minha irmã caçula, tudo de bom e de melhor era pra ela. O Danone era só dela, as roupinhas novas, as sandálias da Xuxa, o vestidinho nhenhenhé, era tudo dela. Depois que minha mãe morreu, em compensação, se perdeu toda! Anda bebendo, trai o marido descaradamente e o corno não tá nem aí... A danada é a mais baixinha de nós, tem "apenas" 1m75cm de altura. Nós todas medimos mais de 1m90cm, e isso atrapalha pra cacete para arrumar namorado. Ela é a única que tem olhos verdes, um corpinho escultural e vive dando em cima de todo mundo.

Galinha...

Foi por causa dela que meu casamento foi pro saco!

Tudo bem que não era lá grande coisa! Mas o negão era meu, cacete! Não tinha nada que vir de saia curtinha ou de shortinho todo final de semana no churrasquinho da minha casa! O tonto ficava todo babão! Aliás, não só o Beto! O Flávio, marido da Renata, a mais velha, e o Silvio faziam rodinha pra vê-la sambar. O Felizberto (olha o nome do marido "infeliz"!) até saía de perto pra não passar tanta vergonha...

Mas as minhas duas irmãs são idiotas também! Submissão igualzinha a da minha mãe.

Mas pra cima de mim, não, violão! Não vem que não tem! Eu sou boazinha, mas não sou trouxa! Não tenho sangue de barata!

Naquele domingo chuvoso, estávamos todos comendo churrasco debaixo da lona esticada no fundo do quintal, quando comecei a desconfiar. Tudo bem que estava meio apertado, mas minha irmãzinha querida não tinha nada que ficar passando de lá pra cá toda hora, devagarzinho, na frente do Beto, esbarrando nele de mansinho e olhando de ladinho.

A filha da puta tava provocando! Ela tava querendo!

Aí eu não aguentei mais! Catei um espeto quente da churrasqueira e "sem querer" meti nas pernas da safada! Sabe? Estava tão apertado ali... Tanta gente, né?!

O que mais me emputeceu foi a reação do Beto! Ele caiu de pau em cima de mim! Disse que eu estava sendo cínica, que eu estava era despeitada do corpinho lindo da minha irmã, que eu só queria era criar uma cicatriz nas pernas lindas dela pra estragar, e blá, blá, blá, e isso, e aquilo. Não parava de falar! Ficou alucinado!

Até aí, tudo bem, estavam todos da família em nossa casa, ele poderia estar querendo apenas se desculpar com todos, demonstrando que não concordava com minha atitude, mas aí caiu a gota d'água: o desgraçado disse que as estrias da minha barriga não tinham mais jeito e agora eu queria estragar as pernas dela por isso!

Vá pra puta que te pariu, descarado! Isso lá é coisa que se diga na frente de todo mundo? Acabou comigo! Ele sabe o quanto isso me incomoda e que os médicos já disseram que não tem jeito. Pô, cacete! Que merda! Choro toda vez que me lembro... Desculpe...

Nisso o clima já estava pra lá de tenso e a festa já estava condenada. A turma do deixa dilso, para com ilso, não é nada dilso, vamo acaba com ilso, já tava me dando no saco e resolvi sair para dar uma volta. Andar um pouco, espairecer...

Larguei todo mundo lá e saí andando na maior chuva pra esfriar a cabeça... Isso foi bom porque a água da chuva escorrendo no meu rosto disfarçava as lágrimas que jorravam incontidamente...

Que raiva...
Que ódio...
...
...
Que triste...
Quando me acalmei, voltei pra casa e fui direto pro quarto sem nem falar nada, nem olhar pra ninguém da meia dúzia de gatos pingados que sobrara na festa.

A infeliz tava lá! Ela e o corno do marido dela...
Uma meia hora depois, na hora que foram embora, eu estava no quarto da frente que dá para ver a garagem, e nisso eu vi o "momento mágico" da despedida dos dois.

Aquela vaca deu um beijo demorado de cada lado do rosto do Beto e, segurando o rosto dele entre as mãos, sem desencostar o corpo do dele e com uma das pernas meio enfiadinha entre as dele, agradeceu a defesa.

Estava na cara: Eles estavam tendo um caso!
Pensa que o desgraçado foi tentar me consolar ou tentar apaziguar a situação? Não! Foi direto arrumar as coisas do churrasco. Nem aí comigo!

Aproveitei que estava no quarto, fiz minha mala e me mandei! Ele nem viu!

Hoje, minhas irmãs submissas continuam a ser espezinhadas pelos maridos, a minha irmã se divide entre o Beto e o infeliz do Berto e todos os outros companheiros de balada. Passa noites fora, desaparece e não tá aí pras filhas... Se perdeu...

Que se foda! Tô nem aí pra ela!
Eu tô aqui, levando minha vida, mudei meu nome porque "Mauriclene" ninguém merece, né? Agora me chamo Maurícia! Estou conhecendo outros homens, aliás, que homens!

Quando era adolescente, do alto da minha mulatice só tinha olhos para os negros. Eu os achava fortes, másculos, valentes. Não via a menor graça nos brancos. Até que, depois de uns dois meses que tinha separado, conhecesse o João!

Ele era meu chefe na TAJ. Quando eu fui procurar emprego lá, eu avisei que não sabia nada daquele serviço, mas ele, um homem maduro, seguro de si, me disse com voz tranquilizadora que me ensinaria TUDO!

Eu achei estranha aquela palavra dita com tamanha ênfase, e só alguns meses mais tarde entendi o que ele queria dizer.

Minina! O homem era um gentleman (foi ele que me ensinou isso também). Abria a porta do carro pra eu descer quando íamos juntos aos clientes, começou a me ensinar inglês... Foi me envolvendo, me cercando, me seduzindo, e quando eu dei por mim, estava beijando ele na boca... Que beijo! Eu tremia toda!

No dia seguinte fomos para um motel pela primeira vez. Eu não fazia ideia de como era sair com um homem experiente! Não precisava falar nada! Ele sabia tudo que me dava prazer! Beijava todinha! Dos pés à cabeça! Foi alucinante! Eu achava que meu marido me satisfazia, mas nunca tinha sido possuída daquele jeito! Ele me pedia para ficar de quatro, e eu nem sabia como era isso, cê acredita? E com paciência ele dizia: – É assim, mais pra cá, vira, põe a perna pra lá.

Eu sentia me penetrando! Grosso, macio e duro... Não dá pra explicar... Eu gozei tanto, mas tanto! Nunca tinha gozado com meu marido! Cê acredita? Ele REALMENTE me ensinou T U D O!

Mas o danado era casado! Durou algum tempo, mas eu achei melhor parar com aquilo. Não tinha futuro. Ele nunca me prometeu nada e eu nem era apaixonada por ele. Era só uma curiosidade! Queria saber como eram os outros homens.

Aliás, tem cada porcaria por aí! Piores que o Beto. Mas tenho encontrado algumas gratas surpresas e especialmente com homens mais velhos!

Agora eu só gosto de homens assim... Mas ou eles são casados, ou muuuito safados!

Por isso ainda estou buscando! Um dia vou encontrar meu príncipe encantado! Cê vai ver...

Suely Cândido

Conto

A KEYTTI

Paulo Vasco é engenheiro formado pela UERJ (Universidade do Estado do Rio de Janeiro) e autor de "Vendemos Gasolina", onde conta aventuras do mercado de petróleo e postos de serviços. Como executivo trabalhou em grandes companhias do segmento de petróleo e realiza palestras técnicas e motivacionais.
Com o convite de escrever um conto sobre a vida secreta dos profissionais, usou toda a sua imaginação para retratar experiências amorosas do mercado de trabalho, "afinal, somos todos humanos"... Os nomes são fictícios e homenageiam executivos que fizeram parte da sua vida.
Seu e-mail: mavelar@visualmail.com.br

Keytti estava confusa. Não sabia qual era seu sentimento predominante. Um misto de felicidade, emoção, paixão, receio, apreensão e dúvida.

Na verdade, quando ela fez aquela entrevista com a headhunter há seis meses, sentiu que sua vida iria mudar. A entrevistadora bonita de olhos penetrantes e seu sócio charmoso era um indício. Normalmente nesses escritórios as pessoas só se interessam em colocar um profissional em uma empresa pelo percentual que recebem por isso. Mau humor, pessoas sem classe, mal vestidas, sem bom senso é o que impera. Mas ali ela se sentira bem. Perguntas diferentes, frases incomuns, um espanto. Sentiu desde aquele dia que as coisas tomavam outro rumo.

Quando recebeu o telefonema com a aprovação, ela já sabia dentro do seu íntimo que as perspectivas finalmente eram boas. O local do novo trabalho era um paraíso, Tamboré, uma região conhecida como sendo templo nobre da grande São Paulo. Meses antes fora lá numa entrevista. Bairro chique; de carrões, transporte público de qualidade, condomínios ricos e, na fila da entrevista, uma das concorrentes disse que lá os hospitais e as escolas públicas eram de primeiro mundo, acessíveis, de qualidade e que sua vizinha havia feito um curso profissionalizante pela prefeitura. Mas naquela altura não foi aprovada. Existiam mulheres muito mais preparadas e com nível muito acima dela.

Nesses últimos meses sua vida mudara muito. Keytti era uma mulher bonita. Nada de excepcional, mas acima da média. Rosto delicado, lábios carnudos, "chupadores", coxas torneadas, seios médios e um típico pandeiro brasileiro. Keytti foi dotada com nádegas perfeitas e invejáveis. Responsáveis por desejos e elogios dos homens e inveja das mulheres. Suas formas causaram algumas situações boas e outras ruins. Um aumento no salário numa vez e uma demissão sumária em outra, em razão da ira da esposa do diretor da empresa.

Nossa heroína sabia que com um pouco mais de oportunidade de estudo, ampliando seus conhecimentos e uma grana para um bom banho de loja, salão de beleza, tratamento de pele, e essas coisas que o dinheiro proporciona, ela não deixava nada a dever para as madames da sociedade. A origem humilde, a necessidade constante de ajudar a família e um casamento mal sucedido, deixaram marcas. Mas a melhoria de vida parecia chegar agora. Era uma grande oportunidade, podia sentir no ar que as coisas estavam se encaminhando bem. Ela estava ansiosa, e não queria errar.

Estava feliz com quase tudo. Só não se sentia bem com aqueles velhos amigos com que passara anos. Com alguns teve casos ou até namorou firme mesmo. O papo já estava chato, eles não evoluíram. Tudo que Keytti falava parecia provocação, mentira ou achavam que ela estava querendo se mostrar mais evoluída; e realmente poderia ser mesmo.

Com o novo emprego, ela parecia estar no paraíso. Pessoas mais bonitas, mais simpáticas, mais alegres, mais bem vestidas, inteligentes e com uma mente mais aberta. As conversas eram mais profundas e até íntimas e ficava mais à vontade.

Seu superior era o diretor de uma empresa média, com bom nome no mercado, casado e a família parecia que havia saído de um conto de fadas. Desde seu primeiro dia, ela ainda perdia o rebolado com um olhar que ele vez por outra direcionava a ela. Um olhar penetrante e forte que abalava suas estruturas. Em determinados momentos, ela achava que ele queria algo mais, em outros tinha certeza que ali só seria relacionamento estritamente profissional e essa dúvida estava deixando-a louca.

Depois do primeiro ano de casada, ela já se sentia só. Geraldo deixou de dar-lhe a atenção de outros tempos, saía cedo e chegava tarde, não era mais carinhoso e só reclamava da vida. Keytti ainda levou o casamento adiante por amor e para não ouvir aquela máxima que toda família diz nesses momentos "- Eu sabia que não ia dar certo". Ou "- Eu te avisei". Imagina se eles soubessem que ficara casada mais três anos e meio porque teve um amante muito gostoso que lhe saciava as carências sexuais e amorosas... Fausto era um tarado. Não passava um dia sequer em que ele não falasse algo picante em seu ouvido ou fizesse algo que a deixasse louca de desejo. Carente, ela cedia. E dava, dava muito. Transaram na sala dele, no banheiro da empresa, na linha de produção, na cadeira do presidente, aquele velho safado que sempre a assediava. Praticamente batizaram a empresa toda. Ele sempre vinha com uma dessas ideias. Era muito perigoso e arriscado, mas ao mesmo tempo era excitante demais para não ser feito. Ela gozava muito e gemia alto. Depois ficava sem dormir imaginando que alguém pudesse ter ouvido ou desconfiado.

Fausto soltou sua libido. Agora Keytti conhecia melhor seu corpo, suas fantasias, sua sexualidade e se sentia mais segura. Durante alguns meses, eles até tiveram relacionamento com outra mulher, coisa que antes julgava impossível de acontecer. Ana era meio doidinha, liberada e sem papas na língua. Falava o que queria e como queria. Com muito jeito, Ana e Fausto conduziram-na para um quarto de motel de luxo. Quando percebeu, já estava nua na piscina, com Ana lhe abraçando e beijando de forma tão pura que nem imaginava aonde aquilo iria resultar. Mais um pouco de tempo e bebida, estavam os três numa louca e frenética atividade sexual. Ela adorou ser beijada por uma mulher. Ana tinha uma língua macia e ávida, que alternava movimentos rápidos e lentos em seu clitóris de uma forma que ela parecia que ia desmaiar. Enquanto isso, Fausto untava seu traseiro com lubrificante e apertava seus seios. Quando ele a penetrava, ela já havia gozado, e gozava mais umas quatro ou cinco vezes em poucos minutos. Fausto, com um apetite descomunal, partia também pra cima da Ana, e enquanto comia sua xoxota, Keytti ficava excitada e beijava Ana na boca. Horas depois os três haviam transado tudo o que tinham direito. Keytti ficava toda dolorida, Fausto ralado e Ana cheia de marcas vermelhas pelo corpo.

E hoje até sente saudades.

Foram bons tempos de atividade sexual em mais alto grau, lembrava enquanto sentia falta deles e falta de aventura.

O Fausto foi transferido para uma unidade da empresa no Chile. Ana começou a namorar um cara ciumento e que curtia drogas pesadas. Keytti foi assediada pelo chefão, e como não cedeu aos seus gracejos, foi demitida.

Depois da separação com Geraldo e Fausto... Keytti teve uma série de relacionamentos ruins ou incompletos.

Agora, nessa nova etapa, a vida melhorara muito no trabalho, na condição financeira, na qualidade em si, mas na vida sentimental, até aquele momento, nada.

Keytti achava o Dr. César o máximo. Bonitão, educado, culto, inteligente, elegante e charmoso. Ficava todo dia muito excitada, toda molhada. Aproveitava enquanto Dr. César saia para as reuniões na fábrica, pegava sua caneta e esfregava na xoxota. O pior é que deixava lá sem limpar. Depois Keytti se arrependia. Ficava o resto da tarde se sentindo mal. Preocupada, nervosa.

Não era incomum ela ficar cheirando seu paletó, imaginando se ele estaria em reunião de negócios com outras mulheres. Ela imaginava mil coisas. Tinha ciúmes de uns telefonemas que ele recebia. Chegava a ficar xeretando nas coisas dele para tentar pegar um deslize. Quem sabe uma chantagem?! Precisava saber qual era a dele. Ela não acreditava que tudo era perfeito na vida daquele executivo, não poderia ser, era até injusto.

Começou a se vestir de forma mais provocante e ficar mais doce a cada contato com o Dr. César. Ele a deixava confusa com as palavras e gestos. Tinha dia que ela saía do trabalho com a certeza que ele gostava dela e que um dia desses iria convidá-la para um happy hour. No dia seguinte tratava-a com indiferença e distância.

Algumas vezes foi sem calcinha para o escritório. Deixava as pernas morenas e bem torneadas cruzadas de forma provocante, quando sabia que ele poderia olhar. Algumas vezes percebia o olhar fixo nas suas coxas e numa das vezes deu um sorriso maroto, em sinal de aprovação.

Dias depois ela ficou tão excitada e molhada imaginando bobagens com seu Deus Grego, o que resultou numa mancha molhada em seu vestido. Teve que ir ao banheiro e mentiu que eram "essas coisas de mulher".

Dr. César era casado com uma mulher bonita e ela não se importaria de viver com ele como amante ou formar um trio com sua esposa.

Uma noite, enquanto cozinhava, ficou imaginando transar no elevador. Daquelas rápidas e intensas onde os dois tiram o mínimo de roupa, se beijam, ele pegando-a por trás, ela se apoiando com as mãos espalmadas na parede do elevador, apoiando uma perna na porta e arrebitando o traseiro para ele introduzir seu membro. Ambos gozam rápido, naquele misto de tesão, excitação e medo. Resultado, o pepino virou consolo e Keytti meteu aquele legume com tanta força e vontade que gritou tão alto que ficou com receio dos vizinhos terem escutado. Depois, comendo o mesmo pepino, matou-se de rir.

Na empresa, o encarregado de produção, Sidney era bem apessoado. Dava em cima dela. Era bem sucedido, estava crescendo na empresa. Um bom partido. Ela já havia cortado suas asinhas umas vezes dizendo que não se relacionava com pessoas do trabalho para não se prejudicar. Bancava a difícil. Na verdade nutria esperanças pelo Big Boss. Mas era um cara que ela podia deixar na prateleira.

Resolveu que iria usar a mesma tática que o Dr. César usava. Deixá-lo confuso. Ora agradável, ora seca. Mas naquele mesmo dia, em sua chegada, uma surpresa.

– Bom dia! – falou César, de forma radiante e com um sorriso no rosto.

Keytti pensou – Que forma boa de começar o dia e o fim de semana... Depois de uns minutos, seu telefone toca.

– D. Keytti pode vir a minha sala?

– Estou indo, Doutor. Deseja café?

– Não, só a senhora.

Uauhuhu.

– Sente-se Keytti. Gostaria de saber sua disponibilidade para viagens.

– Pra mim não há problemas.

– Você não tem marido ou namorado que possa ver problemas em se ausentar uns dias da cidade?

– Não, estou à disposição.

– Bem, é que nós estamos fazendo uma feira muito importante, semana que vem, e preciso de uma pessoa que tenha vínculo e conhecimento da empresa para atender e direcionar os visitantes aos profissionais corretos. Você já teve alguma experiência em eventos, não teve? Então sabe como se portar, como evitar as cantadas e tudo o que envolve a recepção de um evento de porte.

– Pode ficar tranquilo. Se desejar algo em especial, é só solicitar.

– Ok, compre passagem para Curitiba para quarta que vem, retornando no domingo pela manhã. Aqui está uma ajuda de custo para roupas e detalhes que lhe sejam importantes. Você fica até o final da feira. Eu a encontro lá.

Keytti estava atordoada. O dia transcorreu de forma maravilhosa. A noite não passava. Ela queria que o dia raiasse logo para comprar roupas novas, ir ao cabeleireiro, providenciar tudo para sua viagem. Nunca andara de avião. Friozinho na barriga. Começou a imaginar a proximidade dele, seu cheiro, ele se declarando. Passou a mão entre suas pernas e estava totalmente molhada. Começou a se bolinar e ficou assim até gozar. Acordou assustada. Dormiu demais, afinal já eram oito horas.

Comprou calcinhas, sutiãs sensuais, camisola e vestidos novos. Entrou até na prestação.

Aeroporto, os colegas, avião, aquela tensão nervosa, oração. Achou interessante a cidade de Curitiba. Estava calor de verão. Muito bom!

O estande estava lindo e ela deslumbrante. Seus colegas de trabalho não pouparam elogios e brincadeiras. Saia justa azul, comprimento um palmo acima do joelho, camisa branca transparente com sutiã bem chique branco. Aliás, o Dr. César uma vez comentou a respeito de uma advogada, que ele achava cafona. Usava roupa íntima escura embaixo de roupa clara.

Optou por não usar meia. Sua cor e suas pernas eram seu forte. Maquiagem discreta e simples.

Quando Dr. César chegou, no meio da tarde, cumprimentou a todos e pela primeira vez beijou-lhe o rosto dizendo:

– Você está muito elegante, parabéns.

Keytti apenas sorriu.

Terminada a feira todos jantaram em Santa Felicidade. A noite estava bem quente e Keytti vestia calça e camiseta de alcinha preta sem sutiã. Bastou ele resvalar em sua mão na descida do taxi para que seus seios a denunciassem. Ficou constrangida, mas tudo foi perfeito apesar do cansaço. Eram 11 da noite quando retornaram pro Hotel. Foi aí que ela descobriu que o Dr. César estava no mesmo andar. Despediram-se no corredor. Ele beijou-lhe o rosto e disse boa noite e ela fez cara de decepção.

Assim rolou a feira e, no sábado, a equipe retornou para São Paulo e os dois ficaram encarregados de ajustar os detalhes finais. Chegaram ao hotel e combinaram de jantar às 20 horas. Faltavam 10 minutos e alguém bate na porta. Keytti foi abrir a porta pensando quem seria o infeliz que a incomodava a essa hora. Tinha acabado de sair do banho, colocou uma camiseta e abriu a fresta da porta que a corrente de segurança permitia.

– Doutor César, me desculpe, estou atrasada?

– Não, Keytti, eu é que me adiantei e pensei em passar para ver se você estava pronta. Desculpe.

– É só um minutinho, o senhor quer entrar? Abriu a porta, deixando-o vê-la naquele estado.

– Ok, mas deixe esse senhor de fora. Sejamos informais.

– Tudo bem, doutor, quer dizer, César.

Suas pernas estavam bambas. Sentiu-se como uma adolescente. Pediu para ele se sentar enquanto terminava de se aprontar. Começou a pegar as roupas na mala enquanto ele a observava. De repente sentiu um beijo em seu pescoço. Durante alguns segundos ela pensou que iria desmaiar.

Rapidamente as mãos começaram a acaricia-la de forma bem macia e suave. Ela suspirava. César apertou o corpo de Keytti sobre o seu. Estavam muito excitados. Ele conduziu-a até a cama com suavidade. Deitou-a e começou a beijá-la toda. Primeiro por cima da camiseta e calcinha, depois tirou a camiseta e beijou seus peitos. As mordidinhas leves e suaves nos bicos estavam torturando Keytti de prazer.

Ela pensou que ele iria lhe penetrar. Mas ele foi descendo e beijando-a gostoso, todinha. Ela começou a gritar baixinho e foi ficando mais alto. Ele habilmente aumentou o som da TV. Sua boca era muito macia e sabia o que e onde tocar. Beijava e lambia o clitóris com movimentos sincronizados e depois totalmente atípicos. Ela já havia gozado umas duas ou três vezes, chegou a lembrar da Ana, e quando não aguentou mais pediu:

– Por favor, não me tortura mais. Deixe eu te beijar também ou me come logo! César ficou passando suavemente sua glande na entrada da vagina. Ela repetiu.

– Me come logo, por favor.

Ele penetrou bem devagar. Ela, toda excitada e lubrificada, gemia gostoso. Ele foi bem fundo. Com movimentos ritmados ficaram muito tempo assim, carinhosos, beijavam-se. Rosto, boca e seios.

Keytti já tinha tido várias experiências sexuais, mas aquele homem sabia dar prazer a uma mulher. Gozou muitas vezes.

Em muitos momentos não sabia dizer se aquilo era um sonho ou realidade.

Cansados, foram finalmente jantar num lugar romântico. Keytti pensava que aquele sonho estava muito bom e que não queria que acabasse. Retornaram ao hotel. Namoraram novamente, só que dessa vez ela estava mais à vontade, tomou a iniciativa e resolveu mostrar o potencial de sua boca carnuda. Ele se deliciava. Afinal sua esposa não o curtia mais. Depois, sentada em seu colo, os peitos davam uma sensação de ligação e proximidade. Pegando-a por trás ele pensava que aquele traseiro que ele tanto cobiçara era mais perfeito e gostoso quando nu. Keytti sabia que esse era seu grande atributo e o desejo dele. Embora não curtisse muito, César era seu desejado e por ele faria com gosto.

Com a própria lubrificação dela, ele deixou o ânus lambuzado e introduziu seu dedo primeiro. Bem devagar e com movimentos circulares. Ao retirar o dedo, começou a introduzir seu membro com cuidado. Ele não queria que fosse dolorido para ela. Quando chegou ao fim, aquele rabo gostoso e reluzente com a luz da cabeceira da cama parecia um troféu.

Ela pensava que dessa vez não doera quase. Estava ainda excitada e ele calmo e carinhoso. Tudo era melhor que em seus sonhos. César ajudou-a na massagem de seu clitóris e, depois de muitos movimentos ritmados, gozaram juntos. Adormeceram assim, nus e abraçados.

Pela manhã o quarto cheirava a sexo. Eles meio sem graça. Beijaram-se e ele saiu, retornando ao seu quarto original.

Café da manhã. Falaram amenidades e logo em seguida aeroporto. No voo de retorno ficaram em silêncio. Já próximo à chegada, César disse que se desculpava de algo que tivesse feito e ela. Ela respondeu que foi maravilhoso, um sonho.

Segunda-feira começa e eles mal se falam.

No fim do dia César, chama-a na sua sala e diz que não se arrepende, mas ela não pode alimentar esperanças fora da realidade, pois é casado, tem filhos e nunca havia passado por aquela situação. Pediu paciência e que o ajudasse a conduzir isso sem traumas. Keytti retornou pra casa arrasada. Chorou.

A semana se arrastou. Na sexta-feira ele estava mais aberto e quis dar uma satisfação. Ela disse que não queria dar problemas para ele, se ele achasse conveniente dispensá-la ela entenderia, embora gostasse muito da empresa, do que fazia e dele.

Ele sugeriu que se sentiria mais confortável se ela tivesse algo a perder... Ficariam em condições iguais. Ela sugeriu que deixassem a vida correr. Na saída ele pediu desculpas, deu um abraço e confessou que estava louco por ela e que era difícil para ele. Abraçou-a e, como um estopim, seus corpos explodiram em desejo. Beijaram-se como loucos. Ele passava as mãos por todo o corpo dela. Ela abriu seu zíper e acariciava seu membro. Ele virou-a de costas, empurrou-a para perto da mesa, levantou sua saia e penetrou com força. Gozaram logo, pela situação inesperada e inusitada.

Depois ela se recompôs e saiu. Ele ficou preocupado, mas mal sabia que Keytti já passara várias vezes por situações assim.

Nas semanas seguintes eles ficavam distantes durante um tempo e repentinamente se curtiam. Algumas vezes iam a motéis. Quando voltava pra casa, tentavam se desligar daquele sonho. Ela sabia que precisava fazer algo para acabar com aquela situação. Estava se apaixonando, sofria com a distância e sabia que ele não iria descartar a família. César já não mais a mimava.

Começou a prestar mais atenção em outras pessoas. Chegou a sair uma vez com o encarregado de produção, o Sidney, mas não deu liga. Outro dia um cliente convidou-a para sair. Ela titubeou, mas resolveu aceitar o convite. Comentou com César e ele mostrou-se visivelmente enciumado. Ela disse-lhe que não entendia, pois ela só estava saindo porque ele mesmo havia dito que se sentiria melhor se tivesse algo para perder.

– Só estou agindo assim pra te agradar...

César ficou confuso. Era verdade, mas ele não sabia como agir. Sentia ciúmes dela.

Keytti acabou saindo com o cliente. Foram a um barzinho. Cheio de gente bonita. Era um daqueles lugares para olhar e ser olhado. Ela se sentia viva e querida. Cruzava as pernas e pensava no sucesso que ainda fazia. Numa dessas idas ao banheiro feminino, foi cantada. Estava excitadíssima. Fazia duas semanas que não transava. O cliente chegou a convidá-la para esticar a noite, mas ela não aceitou.

Chegou em casa e ao se masturbar pensando no César viu que tinha necessidade de saber se durante o fim de semana ele pensava nela. Decidiu que iria perguntar na lata na primeira hora da segunda-feira, e que se a resposta fosse negativa, ela iria sair com algum homem. Estava decidido!

Não deu nem tempo dele se sentar na cadeira, Keytti entrou e perguntou se havia sentido a falta dela.

– Senti muita. Mas você não deve ter sentido a minha. Afinal, estava bem acompanhada.

– Olha, seu bobo, se eu quisesse, teria um final de semana cheio de emoções e novidades. Mas queria que você me dissesse o que devo fazer. Uma vez por semana já fico feliz. Não vou te cobrar mais nada. Só quero você um pouquinho.

Depois desse dia, as coisas melhoraram.

César passou a ser mais atencioso e deu-lhe mais atenção. Completou um ano na empresa e ganhou um aumento de salário substancial. Tornou-se a pessoa de confiança do Dr. César, que lhe conferia missões e responsabilidades. Keytti pensava: – Ele é desejado por muitas, mas sou eu quem se diverte.

Mais uns meses se passaram e voltou àquela sensação de insegurança sentimental. Ela chegou a comentar com César e a reação foi ruim.

– O que você quer que eu faça? Dou-te atenção que posso e quando posso. Estou estruturando sua carreira para você não se tornar dispensável... Agora, viver contigo você sabe que é impossível. Falamos isso desde o início.

Isso gerou uma semana de frieza. Keytti se arrependeu e teve que se esforçar para que as coisas voltassem ao normal. Foi preciso muita saia, decote e carinho para que as coisas se encaixassem. Mas numa tarde dessas, ela entra na sala dele com cara de tarada e diz:

César não aguentou. Ele, sentado na sua cadeira, e ela em cima dos relatórios que tinha acabado de trazer. Com a saia na cintura e a blusa totalmente aberta. Depois sentou no colo dele e cavalgou, rebolando bastante e falando em seu ouvido:

– Não aguento ficar muito tempo sem sentir o seu pau dentro de mim. Quando você demora pra me comer, eu me masturbo. muito para não enlouquecer. Para de me castigar que quero te dar muito.

– Vai seu gostoso tarado filho da puta, mete esse cassete na minha boceta!

César ficou doido e gozou rápido. Ela continuou se movimentando em cima dele dizendo que ainda estava faminta.

Keytti acomodava sua vida, mas não seus pensamentos. Ficava imaginando como César fazia para lidar com essa vida dupla. E resolveu experimentar também. Afinal de contas era injusta a fidelidade apenas de um lado.

Foi a uma balada. Conheceu alguns caras interessantes. A mente humana é fantástica, e quando determinamos alguma coisa, ela acontece. Ela havia lido algumas mensagens e artigos sobre a lei da atração e resolveu explorar essa famosa forma de pensar e projetar seus sentimentos e desejos. Então, não foi por acaso que Keytti balançou quando encontrou o Edgard. Um garoto moreno, alto, trabalhador, simpático e bem humorado. Os olhares se cruzaram e pintou um desejo. No meio da festa, já estavam se sentindo íntimos. Eles tinham muitas coisas em comum. Keytti sentiu vontade dele, mas resistiu no primeiro encontro.

Na segunda-feira ele todo, todo, mandou mensagem pelo celular e telefonou convidando-a pra sair. Ela aceitou. Resolvida, pôs seu plano em prática. Quando se deu conta, estava deitada na cama, pelada, com um vibrador no meio das pernas, se masturbando pelo

Edgard. Depois de gozar, pensou que era um indício que o Edgard seria o homem que ela iria arriscar.

Celular tocando, era Edgard. Combinaram e foram num boteco da Zona Norte da Capital. Lado oposto da empresa e do César, que não frequenta nem gosta desse lado da cidade.

Ela estava vestida pra matar... Minissaia preta, camisa branca e salto alto, bem alto, o que realçava suas curvas.

Entrando no bar, pôde perceber olhares em sua direção, o que a deixou de calcinha molhada. Chope geladíssimo e papo bom.

Edgard era inteligente e estava crescendo na vida profissional. Um menino comparado com César. Mas Keytti estava com uma vontade monumental de pegar no membro dele. Ela estava curiosa para saber se ele desempenhava na cama. Queria dar pra outro, até mesmo para vingar a falta de atenção do César.

Saíram dali e foram para a casa dele. No elevador um beijo. Ela observou que não havia câmeras de segurança. Mal abriu a porta do apartamento, Edgar atacou-a. Keytti até se assustou.

Já foi abrindo o zíper da calça e levantando a saia dela, dizia que ela era muito gostosa e que ele tinha forte tesão. Em 30 segundos estavam totalmente nus no meio da sala da casa da família do Edgard. Ela preocupada com as janelas abertas e ele beijando-a toda.

Colocou Keytti de costas no sofá, em cima do braço da poltrona e beijou sua xoxota com avidez. Ela gostou dessa volúpia, e a resposta foi ficar mais excitada e molhada. Gozou na boca daquele "rapaz", quando ele disse que nunca havia beijado uma xoxota tão gostosa e cheirosa. Lambia, cheirava, louco de desejo, mas sem violência. Ela segurava os gritos de prazer e ele no movimento de vai e vem cada vez mais forte. Vez por outra ele lambia a nuca e as orelhas dela. Às vezes com carinho, às vezes com força. Ela gozou novamente, só que dessa vez com um grito. Ele permaneceu ali mais um bom tempo. As coxas da Keytti já estavam sensíveis pelo tecido do sofá, quando Edgard, sem gozar, disse que estava cansado daquela posição. Ligou o som alto e disse:

– Eu tô com muito tesão, e se depender de mim, vou me ralar transando com você.

– Mas de onde vem toda essa vontade? – disse ela.

– Tesão por você. Estava tão excitado que bati uma punheta antes de te encontrar.

Keytti pensou: "Melhor do que eu imaginava!".

Logo em seguida ele ficou de pé em frente a ela, que abocanhou seu "little Richard", como ele chamava.

Era um pênis bem gostoso e suculento. Duro com pele macia e reluzente pela umidade da vagina dela. Ela até pensou no gosto que estava bom, e refletiu: "- Não é que minha periquita deve ser gostosa mesmo? Pena que não consigo prová-la diretamente!".

Depois de um tempo ele disse que não queria gozar na boca dela, pegou nova camisinha, sentou no sofá com ela em seu colo, um de frente para o outro. Uma encaixada bem gostosa com movimentos ritmados. Ele a beijava na boca e nos peitos e deixava-a curiosa nos momentos em que de repente paravam. Foi quando ela percebeu que Edgard parava para admirar seu corpão moreno no espelho.

– Ah, você está gostando de ver, voyeur tarado, então quer ver minha bunda? Veja ao vivo.

Keytti levantou e sentou de costas. Edgard quase perdeu a fala. Segurava nas ancas da morena, dizia coisas incompreensíveis e gemia baixinho. Ela via direitinho aquele pinto gostoso entrando e saindo da bocetinha. Bolinava o clitóris, apertava os seios, se remexia e se olhava no espelho admirando a cena. Gozaram juntos.

Ele disse no ouvido dela que adorou ter um mulherão daqueles, que foi acima de suas expectativas.

Ele sugeriu que ela fosse tomar uma ducha no banheiro do quarto dos pais dele. Keytti questionou e ele disse pra ela desencanar. Estava debaixo da água morna se lavando, quando Edgard adentra no box. Já entrou de pau duro, o que deixou Keytti admirada, pois tinham acabado de transar. Edgard se ensaboou com ajuda das mãos macias dela. E aquele pau cada vez mais duro!

— Keytti, com essa bunda gostosa que você tem, me desculpe, mas você gosta de sexo anal?
— Tenho muita saída?
— Se você não gostar como você agora aqui debaixo dessa água gostosa no tradicional.
Keytti fez charme feminino:
— Tá bom, mas vai com carinho...
O safado já tinha planejado tudo.
O lubrificante gel já estava à mão.
Besuntou o pinto e o rabo e começou a colocar a cabecinha bem devagar. Segurava no cabelo dela e beijava-lhe a nuca, com mordidas carinhosas. Com a outra mão fazia massagem na sua xoxota. Keytti estava em transe. Olhava no espelho do banheiro, que estava um pouco embaçado pelo vapor do chuveiro, e ficava mais louca. Os dois ficaram ali um tempão. A pele já estava enrugando. O banheiro todo molhado. Saíram do box e foram para a cama de casal. Ela de quatro e ele em cima. Com estocadas fortes, ela foi perdendo a força nos braços e acabou deitada na cama com aquele tarado em cima. Ele gozou.

Como já era madrugada e teriam que trabalhar no dia seguinte despediram-se com juras de novos encontros.

Dia seguinte chegou uns minutos atrasada. Como sempre, quando o funcionário se atrasa, o patrão se adianta. César já estava lá. Keytti se desculpou, pôs a culpa no trânsito e recebeu um elogio dele:
— Nossa, Keytti, você hoje está diferente, mais bonita e radiante!
— São seus olhos ou o tratamento de pele que fiz ontem. E riu por dentro.
— Me dá um beijo vai?!?!?
— Te dou o que você quiser.

Beijou-o e com uma das mãos pegou no membro do César por dentro das calças.

Ele disse: — No fim do dia vamos para um parque de diversões de adultos?
— Claro! E vou te dar muuuito.

Saiu da sala rindo por dentro. Agora estava em igualdade de condições. – Quem sabe um dia desses não pego os dois juntos, ia ser divertido! Querer é poder! Sou poderosa! Aliás, sou Foderosa! Há, há, há!!!

Relatório 7
Cargo: **Assistente da Qualidade**

Resumo da Entrevista

Natural da cidade de São Paulo/SP, 38 anos, casado há seis anos. A esposa trabalha como bancária no Bradesco. Reside no bairro da Lapa (zona oeste). Recebeu educação rígida, em que os principais valores foram: respeito, moral e caráter. Filho de pais separados definiu a família como sendo "bagunçada, mas feliz". Seu pai, falecido, trabalhava como torneiro mecânico; sua mãe trabalha como dona de casa. Relatou ter uma boa relação familiar.

Afirmou não ter problemas de saúde. Não pratica esporte. Gosta de cinema, teatro, festas, viajar e passear com a esposa.

Acredita que tem como pontos fortes, profissionalmente: dedicação, vontade de vencer e otimismo. Acredita também que é criativo e sempre tem boas ideias, mas na empresa em que trabalha não tem espaço para expressar-se.

É formado em Gestão da Produção e da Qualidade, realizou vários cursos de capacitação técnica. Estável, trabalhou em indústrias de vários segmentos. Responsável pela implantação de sistemas da qualidade (ISSO 9001:2000), documentação e auditoria interna. Responsável também pela realização dos treinamentos à equipe de funcionários.

Para manter-se atualizado, consulta sempre a internet, lê revistas e assiste TV.

Define o seu estilo de trabalho como sendo dinâmico e organizado, com foco nas prioridades.

Sua vida pessoal está equilibrada, é feliz no casamento. Percebe-se como uma pessoa calma, atenciosa, que gosta de ouvir as outras pessoas, autocrítico, sociável e solidário. Para o futuro planeja comprar casa própria e ter um filho.

Apresenta-se com educação e simpatia. Boa apresentação pessoal e postura profissional.

Demonstra ser disciplinado, responsável, estável, sociável, organizado, detalhista, pró-ativo, focado no resultado, caprichoso e com visão sistêmica. Boa comunicação oral e escrita.

Seu último salário foi de R$ 1.255,00 + benefícios.

Sua pretensão salarial é de R$ 1.350,00 + benefícios.

Está participando de outros processos seletivos.

Conto

O RAPPER

José Eduardo Kfuri é Engenheiro de Produção pela Escola Politécnica da USP, Auditor-líder e Consultor em Sistemas de Gestão da Qualidade, gerenciou os departamentos de Engenharia de Produção e de Qualidade de grandes empresas, ocupou a Diretoria Industrial da Byg Empilhadeiras durante muitos anos e hoje é Gestor de Contratos de Prestação de Serviços da 2N Engenharia.

Pedro já trabalhava havia alguns anos naquela pequena metalúrgica. Encarregava-se sozinho de todo Sistema da Qualidade, inclusive do Controle de Qualidade.

Organizado e metódico, chegava a ser compulsivo e continuamente tenso, herança da rígida criação recebida pelo pai, ajustador mecânico já falecido, mas ainda um modelo seguido pelo filho. Pedro era um agente de mudanças na empresa, mas conservador no que se referia a si mesmo e à sua vida pessoal.

Tratava-se do último dia útil do ano e também o último dia da auditoria da Qualidade que a empresa sofria anualmente para manter sua certificação ISO 9001. Foi finalizada já antes do almoço e com êxito, mas foi grande o desgaste do nosso amigo. O reconhecimento ocorrido quando da certificação já não ocorria mais por parte do seu chefe, o gerente industrial, o qual parecia, agora, indiferente ao assunto.

Sua esposa, bancária, estava em férias e esperava-o em um pequeno apartamento alugado na Praia Grande, juntamente com os pais e a sogra. A auditoria e seus preparativos obrigaram que o mesmo só pudesse se juntar à família uma semana depois que a esposa já tinha iniciado suas férias. A mesma havia levado o carro do casal, que, apesar da bagagem, da lotação, da alta quilometragem e do pequeno motor de 1000 cilindradas, chegou ao destino sem nenhuma pane.

Assim, terminada a auditoria, nosso amigo se dirigiu ao terminal rodoviário, já com duas passagens compradas, pois não viajaria sozinho. Lá se encontraria com seu cunhado mais novo, que também passaria o ano novo na Baixada. A companhia lhe causava desconforto, pois, apesar de nunca ter manifestado sua opinião, desaprovava completamente a postura e o estilo de vida do rapaz. Volúvel, impulsivo e inconsequente, já fora funcionário do jogo do bicho, Office boy, manobrista, motorista de lotação e agora motoboy.

As passagens eram para as 15 horas, tendo Pedro combinado com seu cunhado encontrarem-se às 14 horas em frente às bilheterias. Nosso amigo chegou às 13h50min e, até às 14h20min, nada do cunhado.

Resolveu, então, verificar a situação nas plataformas de embarque, uma para cada empresa de ônibus. Então viu que, na plataforma correspondente à empresa que iriam utilizar, havia uma fila de pelo menos quinze ônibus, ordenados pelo horário de partida, assinalado no para brisa de cada um. Já era 14h40min, mas no primeiro ônibus da fila lia-se o horário das 13:00 e, no último, o horário das 14:00. Ou seja, estavam todos atrasados em quase duas horas e o das 15 horas ainda estava longe de chegar ao terminal, até porque tão cedo não haveria lá nem espaço para ele.

Voltando às bilheterias e não encontrando o cunhado, Pedro resolveu ir a uma das lanchonetes e comer qualquer coisa, já que havia vindo direto da fábrica, sem nem mesmo almoçar. A mesma situação de superlotação encontrada nas bilheterias e nas plataformas, ele também encontrou nas lanchonetes. Queria um sanduíche quente e um refrigerante gelado, mas o que conseguiu foi o contrário.

Após comer rapidamente o lanche, voltou às bilheterias, para mais uma tentativa de encontrar o cunhado. Foi aí que sentiu falta da carteira, usada há alguns minutos para pagar o lanche. Voltou à lanchonete o mais rápido que pôde, abrindo caminho na multidão. Mas nada da carteira.

Nesse momento sentiu-se possuído por uma mistura de pânico, revolta e desalento. Ali se encontrava no meio daquele caos, com um atraso de 2 horas para sair um ônibus que nem havia ainda estacionado na plataforma, sem dinheiro nem documentos, e ainda tendo que procurar por um companheiro indesejável de viagem.

Foi então que ouviu seu nome ser chamado nos alto-falantes do terminal. Sua presença era solicitada no balcão de informações. Correu até lá e a funcionária disse que um rapaz o procurava. Até achou que fosse o cunhado, mas tratava-se de outra pessoa. Entretanto, o rapaz trazia a sua carteira na mão, sem nada faltar no interior da mesma. Ficou surpreso!

Ao agradecer, acabaram conversando um pouco e o rapaz contou que estava acompanhando um amigo que aguardava um ônibus para a Praia Grande. Com um pouco mais de conversa, descobriu que o amigo do rapaz era ninguém menos que o seu cunhado. Na verdade, este o esperava em um canto do terminal, porque, depois de também já ter estado nas bilheterias e nas plataformas, deixou um recado em seu celular, que Pedro nem havia chegado a consultar. Ficou perplexo e desconcertado.

O rapaz levou-o então até o cunhado, que estava reunido com um pequeno grupo que aparentava ser de motoboys, todos sentados no chão, ao redor de um desses compactos aparelhos de som. Ao avistá-lo, o cunhado se levantou e veio imediatamente ao seu encontro. Na verdade, também tinha chegado antes do horário combinado e, desde então, também estava à sua procura. Levou-o até o grupo e, com visível orgulho, apresentou-o a todos. Percebeu então o que nunca havia percebido: o cunhado o admirava.

Alguns amigos do cunhado também iam para a Baixada. Outros estavam apenas de passagem, pois, naquela tarde de 31 de dezembro, não haveria mais serviço até o dia 2. O repertório que tocava no pequeno aparelho de som o surpreendeu, pois, apesar de restringirem-se ao funk, os artistas eram James Brown, Steve Wonder e até Aretha Franklin. Os rapazes conversavam sobre suas aventuras e desventuras do dia a dia. Ficava claro que trabalhavam muito e em muitos empregos, sem registro na maior parte dos casos. Faziam parte do grupo desde antigos presidiários tentando reconstruir sua vida até um administrador e um advogado desempregados.

Um deles, então, trocou o CD, que estava no aparelho, por outro. Iniciou-se uma base instrumental que parecia o playback de um funk onde havia grande destaque para a percussão e para o baixo. O mesmo rapaz que trocou o CD conectou, então, um pequeno microfone ao aparelho, e começou a improvisar alguns versos. Os versos não tinham melodia, mas sua métrica encaixava-se perfeitamente no ritmo do playback. Tratava-se daquilo que era chamado de "rap".

A voz do rapaz era grave e fez com que o grupo silenciasse e prestasse atenção às suas palavras. Estas eram simples e triviais, mas o rapper as combinava de forma genial, contando uma estória que provavelmente era a de muitos deles, uma estória carregada de dificuldades, intolerância e preconceito, cujo resultado era um tom de ironia e descrença por parte de nosso rapper e, provavelmente, de seus amigos também. As palavras faziam Pedro refletir sobre a sua própria realidade, principalmente sobre o contexto profissional onde o mesmo estava inserido.

Foi aí que, de repente, o rapper aproximou-se de Pedro e passou-lhe o microfone, fazendo, então, com que todas as atenções se transferissem para este, atenções essas que já eram de uma considerável parte das pessoas que estavam naquele pátio. Nosso amigo ficou petrificado!

Mas, inesperadamente, foi acometido por uma presença de espírito que não julgava ter. Além disso, como tocava violão desde criança, tinha bom "ouvido" e noção de ritmo. E, então, como um rapper, começou a contar também uma estória: a estória daquele dia, que começara de um jeito e agora se desenrolava de outro, onde se apresentavam a ele valores e referenciais muito diferentes daqueles com que se acostumara. Contou sua estória.

Falou do ambiente confuso e inseguro de muitas empresas, um ambiente muitas vezes carregado de arbitrariedades, falta de foco, desperdício de tempo, contradições e até inversão de valores.

Falou da rigidez cartesiana de um Sistema da Qualidade, do fascínio e da influência que o assunto exercia sobre ele, mas do quanto aquilo tudo o distanciava da realidade da vida e das pessoas, fazendo-o sentir-se sozinho. Ou será que ele próprio procurou aquela área de atuação já por temer a realidade e as outras pessoas, e sentir-se mais seguro sozinho? A esta altura, todos já o ouviam com atenção e cumplicidade. Sua estória e suas palavras, além de harmoniosamente ajustadas à batida do funk, falavam de situações que, definitivamente, estavam sensibilizando aquele público, apesar de, provavelmente, novas para o mesmo.

Falou do quão desagradável era sofrer uma auditoria, principalmente para alguém já tão impiedosamente exigente consigo mesmo. Falou do quão aliviado e orgulhoso se sentia após o parecer favorável do auditor. Mas também contou do vazio que sentia poucas horas depois.

E continuou contando muito mais, mesmo depois que, após alguns minutos de rap, o playback já estivesse parado. E repetia um refrão: "Está tudo não conforme! Está tudo não conforme!".

Quando finalmente encerrou seu rap, percebeu que seu cunhado o olhava estarrecido, assim como os amigos, que agora também eram seus, e assim como a maior parte das pessoas que estavam no pátio, aguardando o horário dos ônibus. O silêncio sepulcral então deu lugar a uma salva de palmas e assobios.

De fato, através daquela catarse, Pedro se deu conta de que compartilhara com aquela verdadeira multidão muito mais do que já tivera coragem de admitir para si mesmo e que realmente sensibilizara a todos. Não sabia bem o que fazer com tudo aquilo que revelara a si mesmo, mas descobrira que sua facilidade em escrever procedimentos e ministrar treinamentos não se restringia à área da Qualidade. Era também um verdadeiro rapper, mordaz e contundente.

Antes que pudesse ser abordado por dezenas de curiosos, despediu-se de seus novos amigos e, acompanhado por seu cunhado, ainda boquiaberto, correu para a plataforma de onde, de fato, seu ônibus já se encontrava prestes a sair.

Entretanto, não seria essa a última vez que vivenciaria aquela experiência tão estimulante. Pelo contrário, seria apenas a primeira: uma vez adquirida inesperada cumplicidade com o cunhado, mesmo mantendo sua rotina de vida, passou a acompanhá-lo periodicamente em alguns de seus encontros com grupos pertencentes àquele verdadeiro submundo. Nessas ocasiões passou a ser uma das presenças mais esperadas, deixando de lado seu perfil de "homem da qualidade" para tornar-se o mais novo e talentoso rapper da região, sem que, nunca, nenhum de seus superiores ou colegas de trabalho viesse sequer a desconfiar daquela sua outra face.

Relatório 8
Cargo: **Assistente de Comunicação (avaliação para promoção interna)**

Resumo da Entrevista

Raciocínio lógico: (sem resultado)
Criatividade: (sem resultado)
Organização: (sem resultado)
Comunicação: (sem resultado)
Dominância Intelectual (% – sem resultado).
Dominância Operacional (% – sem resultado)
Dominância Técnico/Organizacional (% – sem resultado)
Dominância Criativo/Interpessoal (% – sem resultado)
Realizou os testes com muita rapidez.
Avaliação de Português: oito.
Avaliação de Excel: cinco.
Conclusão / Recomendações

Não apresentou o perfil profissional necessário para o pleno desempenho da função. Demonstrou pouco interesse, concentração e paciência na realização dos testes, deixando-os incompletos. Não estabeleceu vínculo durante a entrevista, adotando uma postura distanciada e indiferente. Um tanto confusa, não conseguiu estabelecer comunicação eficiente e favorável a si mesma. Demonstrou mais interesse em observar o ambiente e as outras pessoas do que em realizar a avaliação e a entrevista.

Conto

A ENTREVISTA

Cristina (Tita) Ancona Lopez é empresária e escritora. Foi franqueada e em seguida gerente de operações da empresa Yázigi. No Instituto Ayrton Senna, durante oito anos, ocupou a gerência de relacionamento com mais de 80 empresas doadoras. Hoje dirige sua própria empresa de prestação de serviços personalizados, a Ancona Lopez Serviços S/C Ltda. Escreve desde sua adolescência, tendo sido premiada em 2008 no 3º Concurso de Contos do Caderno 2 do Estadão com o conto "Imprevisto". Seus contos, poesias e crônicas podem ser saboreados no blog Nacos de Mim www.cristinaanconalopez.blogspot.com. Conversa com seus leitores através do e-mail tita.ancona@gmail.com.

Pensar que amanhã é o dia da minha entrevista. Tanto quis este posto! Tanto quis! Mas agora não sei o que acontece comigo... Parece que a inconsistência de tudo o que acontece no mundo tomou conta dos meus pensamentos e do meu corpo que custa a mover-se. Tenho ido trabalhar tão incongruente, tão descrente! Essas enchentes, esse perder que as pessoas tiveram de tudo, essa crise, este mundo que vira de ponta cabeça e eu aqui, aquela que se inscreve para uma promoção que parecia tão importante... E ainda tendo que passar por uma entrevista e precisando provar que sou capaz. Do que serei capaz, bem eu que deixo que os acontecimentos do mundo todo tomem conta do meu ser? Sou capaz de um bom trabalho sim, eu sei que sou e sou tão capaz, tão capaz, mas pra que ser capaz de realizar algo que a nada levará nesse momento em que me encontro tão dividida?

Amanhã é a entrevista quando então deixarei que seja quem for o entrevistador me entreveja pelo que deixarei transparecer de mim mesma. O que deixarei transparecer? Aquela organizada que não perde prazos? A simpática que sempre acha uma palavra? A apaziguadora que procura resolver os conflitos? A eficiente que segue seus compromissos? Ou a que não suporta viver em ambiente tenso, a flor frágil que se despedaça aos sentimentos densos? O que mostrarei a eles? A capacidade de ser uma colaboradora brilhante ou a insensatez da que se abala com o que os outros pensam?

Chegado o dia, como me visto? Vou assim, como quem não se exibe e sabe. Como quem não se exalta e se mostra. Eu vou, vou assim, como me sinto, como me sei, como me sou...

E então é uma entrevistadora, tão segura de si, coloca-se tão simpática, pensa que não sei que no momento assume um papel. Até que fui animada, coloquei roupa que fazia com que me sentisse bem. Mas tenho que confessar que foi uma lástima. Tinha que implicar logo de cara com o tipo da entrevistadora? Sabe aquele perfil alegrinho? Sabe como? Daquelas que parecem super bem resolvidas, não há obstáculo que não removam... Impliquei de cara, acho que não consegui disfarçar, queria ver se estivesse ela como eu tão dividida entre o que se quer e o que se deve querer à custa de tantos outros, saberia então como se resolver?

Eu não sei, eu não sei como me resolvo. E os testes? Passar por testes por quê? Ela, a alegrinha, me diz frases encorajadoras, parece que até se interessa, e eu me lembro de que sou tantas e parece que aquela que tanto queria este posto hoje me abandonou e acho tudo tão sem nexo, não sorrio e não me coloco, não quero escrever e não me mostro. Estou suspensa para o mundo, suspensa para o trabalho, suspensa para mim mesma, não, hoje não é meu dia, tenho que aceitar que me dei mal, ela vai me odiar, nem simpática fui... Só quero minhas cobertas, minha cama, meu trabalho que se repete dia após dia e não me exige pensar, não quero nada mais, eu me abstenho. Eu me abstenho de ser, eu me abstenho de querer, deixo que ela conclua de mim o que não sou, do meu querer o que hoje não quero, do meu poder o que não mostro. Fico com meu dia a dia repetitivo e se vou me arrepender? Não sei, hoje não sei, não quero saber.

Suely Cândido

Conto

PURO ÊXTASE

Eliana "Puro Êxtase" é como se define. Não usa de falsa modéstia, sente orgulho por estar aposentada depois de 12 anos de gerência em bancos e 10 anos de American Express Corporativo, entre outros trabalhos. Atualmente cria artesanatos com amor, por conta própria. Seu nome, na origem latina, significa SOL, que é a sua direção. Guia-se por mil provérbios sábios, trabalha sempre no melhoramento espiritual, é de fortes convicções, uma mulher determinada e otimista. Batalha pelos seus ideais, sempre de forma leve. Enfim, é uma mulher apaixonada, que muitas vezes foi amada, mas nunca o suficiente... Conversa com o leitor através do e-mail: puroextaselee@hotmail.com

Para você mudar alguma coisa em sua vida, é necessário primeiro exercitar seu poder pessoal. Vale lembrar que o Poder Pessoal é a capacidade de conquistar, manipular e influenciar a ação da outra pessoa.

Porém este poder só se concretiza se existir a recíproca. Uma química em que o influenciado aceita a ação do influenciador.

Infelizmente foi isto que concluí quando percebi que não houve em nenhum momento uma demonstração de poder ou a intenção de um olhar mais profundo ou de um querer diferente por parte daquela mulher maravilhosa que me entrevistava.

Através dela e de suas perguntas fui voltando para um passado muito distante que foi puro êxtase! Divaguei na imagem e semelhança da pessoa que me tornou mulher.

Desde a adolescência pude exercitar minha liberdade de ação e, por volta dos quinze anos, apaixonei por minha melhor amiga. Era minha vizinha na vila onde morava e acabou sendo a minha primeira e última experiência e aventura com uma mulher.

Um dia, conversando sobre nossas vidas, passamos a falar de sexo. Minha sensibilidade aconchegou-se ao seu carinho. Fiquei envolvida com a sua ternura. A minha emoção sorriu ao encontrar a mulher que tinha maturidade e ingênua beleza interior. Compartilhamos até o mais simples e as coisas mais loucas e mais lindas aconteceram de repente! Tudo era perfeito, o arrepio gostoso, o jeito carinhoso, aquele mistério... Tinha a graça de um menino, era linda quando sorria e mais linda quando estava em êxtase.

Minha amiga tornou-se, por uns tempos, meu maior desejo. Contava suas experiências, suas fantasias, suas aventuras. Aos poucos nos soltamos e, a partir daí, começamos a colocar em prática tudo que estávamos sentindo. Suas mãos começaram a tomar espaço em meu corpo e logo senti sua língua molhada sugar minha boca, descendo úmida pelo meu corpo. Dedos rápidos abriram os botões e desceram com muito jeito minha calça, enquanto as bocas continuavam num êxtase total. Os lábios eram móveis, espertos e a língua procurava cada poro.

Sem abrir os olhos, senti minha mão acariciar seu corpo, a maciez da pele excitada. Não consegui segurar, dei vazão ao prazer total. Dei-me por completo e deixei que ela fizesse as carícias que quisesse... Tudo, tudo ali era permitido. Minhas pernas tremiam. Uma sensação maravilhosa de prazer tomava conta de mim. Quando abri os olhos, abraçada em seu corpo, senti que a cama rangia. Ela sorriu saciada, pois também meus dedos começaram a acariciá-la e senti meu próprio gosto em sua boca. Parecia um sonho.

Após o banho, ela se revelou lésbica, enquanto que eu me tornei uma mulher insaciável. Foram momentos únicos. Sempre haverá um pouco dela em mim e, com certeza, deixei muito de mim nela, pois eu a desvirginei e quebrei um dos maiores tabus e preconceitos que ela carregava consigo.

Amei-a justamente pelo que o amor tem de indefinível. Ninguém ama alguém porque é educada, veste-se bem, etc. Estas são somente referências. Amei-a pelo tom de voz, pelo cheiro, pelo olhar, pela paz e também pelo tormento que ela provocou.

Essa fantástica experiência me levou a ter atitudes ativas com relação aos homens e, desde então, adoro poder explorar o ato de fazer amor em todos os sentidos.

E quando me deparei com a entrevistadora querendo saber mais de mim, isto me levou a um leve prazer, uma suave lembrança, uma indescritível energia. Uma vontade louca de questionar minha autolimitação e tentar coisas diferentes, ou melhor, deixar velhas experiências de lado para adquirir novas. De uma forma surpreendente, dei asas à minha imaginação e dispersei. E não fui correspondida.

Posso dizer, finalizando, que não houve frutos. Mas que valeu pelo puro êxtase!

Relatório 9
Cargo: **Assistente de Luthier**

Resumo da Entrevista

Natural da cidade de São Paulo, 26 anos, solteiro e sem filhos. Reside sozinho em São Paulo, na zona leste, em casa própria, porém com total disponibilidade de mudança para Cotia.

Sonha em fazer carreira na empresa requisitante por ser famosa e acreditar ser a melhor empresa de equipamentos musicais do mercado de trabalho. Tem carro.

Os pais "são separados fisicamente, mas não espiritualmente". O pai reside há 15 anos no Japão e a mãe com a filha mais nova, no Estado de São Paulo. Recebeu educação moderna em que os principais valores foram: respeitar as pessoas e humildade. Definiu o relacionamento familiar como sendo "perfeito".

Relatou não ter problemas de saúde. Pratica academia. Para se divertir adora ouvir música.

Demonstra ter como pontos fortes, profissionalmente: disposição, empenho, pontualidade, conhecimento, saber lidar com o público e paixão. Acredita que precisa melhorar a fluência no idioma inglês.

Para manter-se atualizado, visita feiras, consulta a internet e lê revistas.

Definiu o seu estilo de trabalho como sendo dinâmico.

Começou a trabalhar com áudio e música aos 14 anos, comprou seu primeiro "peazinho" para ensaiar com a sua banda. Começou também a fazer som ao vivo de bandas de amigos e trabalhar como Roade. Fez seu primeiro curso relacionado à música na B&H Escola de Luthieria, tornando-se luthier em instrumentos de corda.

Morou no Japão por um ano, onde trabalhou fazendo o controle de qualidade de peças eletrônicas. Voltando ao Brasil, comprou carro e montou o seu estúdio de ensaio e gravação. Sentiu necessidade de aprofundar os seus conhecimentos em áudio profissional, estudou no Instituto de Áudio e Vídeo (IAV) e começou a trabalhar com bandas profissionais como Retturn e Transfixion, ora como técnico de AA monitor, ora como roadie. Em outubro de 2005 foi contratado por uma importante empresa do ramo para trabalhar como especialista e representante da marca alemã Beyrdynamic e produtos da Harman Group. Em janeiro de 2005 foi contratado por uma loja de áudio profissional, onde trabalhou com todas as marcas de mercado. Em abril de 2006 voltou para a empresa anterior para trabalhar com Tascan, KRK, Denon-dj, entre outras. Em setembro de 2007 foi incorporada por outra grande marca, e o candidato foi transferido para trabalhar como técnico especialista e auxiliar de marketing. Hoje ainda é luthier e trabalha como técnico de áudio para algumas bandas de artistas nas horas vagas. Concluiu o segundo grau e tem bons conhecimentos de informática.

Sua vida pessoal está ótima e equilibrada. Não está namorando. Percebe-se como uma pessoa alegre. É caridoso, espontâneo, amigo, leal, inteligente, esforçado e criativo.

Para o futuro gostaria de ter um emprego que lhe possibilitasse construir uma família.

Apresenta-se com muita educação e muita simpatia. Boa apresentação pessoal e postura profissional. Demonstra ser muito independente, maduro, responsável, corajoso e empreendedor. Boa comunicação oral e escrita.

Seu último salário foi de R$ 1.500,00 + benefícios. Sua pretensão salarial é de R$ 1.500,00 + benefícios.

Não está participando de outros processos seletivos.

Conto

ENCONTRANDO LOLA: CONFISSÕES DE UM CANDIDATO

Cristina Hebling Campos é terapeuta, coach comportamental, historiadora e autora do livro "O Sonhar Libertário". Conversa pelo e-mail cristina@heblingrh.com.br

Sim, há horas estou olhando para esta xícara de café, esperando uma resposta.

Por que quer saber? Não é só mera curiosidade? De que adianta falar?

Sei que não tenho nada a perder. Você não tem ideia! Temo sua reação.

De fato, sua reação é problema seu. Você me pegou Lola. Saí tão puto da consultoria! Detesto esta tensão. É ridículo mendigar pra trabalhar. Fico indignado porque não basta a experiência. Nesta maratona profissional todos se deliciam mesmo é com os nossos dramas pessoais. Sinto-me domado, de quatro. Num momento tão necessitado, estar continuamente exposto deste jeito é um verdadeiro flagelo! Lembro coisas que queria ter esquecido. Situações, pessoas que odeio e amo. Com quem sou duro, intolerante e dependente. Penso que todo psi tem um lado sádico, com eles por perto as feridas nunca cicatrizam. Gozam quando nos colocam no paredão. Oh, Céus! Não acredito no que estou falando. Desculpe.

Mas desta vez, apesar de tudo, eu também curti. Que loiraça! Gostosíssima, cheirosa, jeitinho meigo e profissional, afiadíssima. A pele clarinha. Você sabe, a diferença atrai. Difícil segurar os olhos. Paletozinho decotado. Saia curta. Pernaços! Um cruza e descruza hipnótico. Tem um tique sedutor: mordiscando os lábios, como menina, ajeita os óculos que dão um charme de doutora. Tem coisa melhor que mulher poderosa, mas feminina, dando bola?

Você duvida? Foi excitante. Uma brincadeira de esconde-esconde lembrou um duelo de campeões. No começo parecia inócuo. Resvalando fraquezas. Reforçando qualidades. De repente me peguei sem proteções. Uma mistura de encantamento e pavor pelo desnudamento. Queria prolongar e ao mesmo tempo sentia aquela ansiedade para terminar o jogo. Às vezes, perdidinho. Em seguida, miraculosamente, no controle.

O momento mais difícil? Quando respondi como nasceu minha paixão pela música. Tive aquela sensação de expansão do tempo. Como nas experiências de quase morte. Minha vida passou velozmente pela mente. Dizem que quando morremos fazemos em frações de segundo uma retrospectiva geral. Acho que foi isto que aconteceu comigo. Primeiro lembrei-me de papai. Na infância, passava as tardes de domingo ouvindo-o ensaiar para os concertos. Tocava viola e violino. Quanto eu gostava destas horas! Só nós dois. Com ele, ainda criança, aprendi a ouvir. Com paciência me ensinou a reconhecer as notas musicais, apreciar e identificar os recursos de cada instrumento, entender como um "conversa com o outro", e o mais importante, apreciar o intervalo entre cada nota. Impossível esquecer seu principal conselho, pois repetia sempre: "música é silêncio intercalado de sons".

Sim, eu ainda toco e aprendi com ele muito do que faço hoje como luthier. Estava sempre super bem informado das novidades tecnológicas. Ele amava regravar os sons do passado com as novas tecnologias. Era o jeito dele, de lembrar o passado com os pés no futuro.

Meus olhos azuis? Já me acostumei com esta pergunta. Todo mundo estranha. Papai veio pequeno do Japão e encontrou mamãe numa viagem longa que fez pelo interior de Minas, quando pesquisava sonoridades pouco divulgadas, para seu doutorado.

Ela ainda é muito atraente. Era sua inspiração. Por muitos anos mamãe foi mais importante pra ele do que a própria música. Filha de índia guarani com um alemão, de quem herdei a cor dos olhos. Daí a razão de eu ter saído assim, um sincretismo que reforçou algumas qualidades e que também me criou um montão de dificuldades, pois sempre chamo muito a atenção, já na chegada. Uma diferenciação difícil de lidar. Cresci tímido. Disposto a conversar coisas sérias só com meus botões. Na entrevista, eu abaixei as guardas sim. Senti que tinha encontrado alguém que realmente ouvia. Confesso que fiquei maravilhado. Eu estava solto, extrovertido.

O que pegou? Lembrando as tardes de domingo com papai, eu me dei conta que, embora ele parecesse absorto na música e no que me ensinava, quando mamãe chegava, a tensão vinha à tona instantaneamente, caía um silêncio gelado em toda a casa. De repente entendi a angústia, a solidão e o ciúme dele, e o quanto eu me sentia impotente e meio culpado por testemunhar aquilo e não saber fazer nada.

Sinto que a odeio e a responsabilizo pela separação. Ela estava sempre inquieta e tirava ele do sério. Oriental evita explosões.

Agora o drama é meu. Também não o perdoo por ter nos deixado e por ter me passado o encargo de cuidar dela.

Seria diferente se ele tivesse morrido? Não sei. Talvez. Você me confunde Lola.

Céus... A pergunta sobre mamãe veio bem na hora em que me dava conta do drama entre a sua sensualidade provocante e a sensibilidade rígida de papai. Mas, como antes eu respondera que entre eles estava tudo bem, engoli seco. Fiquei perdido. Foi quando pedi licença e saí para pegar um copo d'água. Quando voltava, ouvi a portaria anunciando o próximo candidato. Sabe, embora ateu, nesta hora agradeci a Deus. Com a pressão do tempo, a conversa voltou para a vida profissional. Ufa! Estava temporariamente salvo. Mas meu instinto me disse que aquela engolida seca me traiu. Acertei Lola?

Escritor? Não. Minha família morou um tempo na Europa. Lá aprendemos a falar várias línguas e a apreciar a literatura. Como papai viajava muito, mamãe lia em voz alta livros inteiros. Curtíamos aquelas descrições detalhadas que conduzem lentamente ao clímax. Mas não consigo me expor. Tornar público meu drama é impossível.

De volta ao Brasil as coisas mudaram entre eles. Quando papai estava em casa, ela saía com a minha irmã, que era pequena. Dizia que ia ao parque, ou à casa das amigas. Um dia, após um concerto, papai se viu na obrigação de acompanhar o solista, um italiano divertido, que queria conhecer a boemia paulistana. Caminhando pelas ruas, avistamos mamãe, toda maquiada, vestida de modo provocante e cambaleando. Ele nos fez entrar, eu e o gringo, para dentro de um bar, me olhando em sinal para que ficasse quieto. Eu conhecia bem aquele seu modo de apertar os olhos. Estava visivelmente envergonhado.

Penso que nos próximos domingos ele a seguiu, pois não ensaiou e mandava que eu ficasse estudando ou fosse brincar na rua com os amigos. Eu não consegui avisá-la. Muitas e muitas vezes me perguntei se deveria.

Claro que me arrependo. No fundo sempre me senti um incapaz. Sempre invejei as pessoas que conseguem ter um comportamento emocionalmente inteligente. Nunca nem mesmo esbocei qualquer atitude para tentar mudar o rumo das coisas.

O clima dentro de casa ficou irrespirável. Alguns meses depois, numa tarde de garoa fria, ele me levou a um parque onde costumávamos apreciar o coreto. De modo solene, com uma inesquecível expressão desolada, que sem dúvida herdei dele, anunciou que dali pra frente eu seria o responsável pela casa. Em breve iria se mudar para o Japão. Foi bem ali, naquela paisagem cinzenta, que senti o término da minha infância. E, sem que a tenha vivido, sua declaração encerrou, também, a juventude. Teve início o verdadeiro inferno.

As lembranças se sucediam em minha mente, como lufadas de vento. Não via a hora de terminar a entrevista. Quando desci pelo elevador, minhas lágrimas, presas há tantos anos, explodiram. Chorei que nem criancinha no banheiro e, quando consegui sair, me afundei neste café. Estou nu diante de você, Lola! A mágoa me consome. Raiva de mim, da minha falta de paciência, dos meus estouros. Raiva dela que não muda. Ela sai pra beber e volta dias depois, falando bobagens, com as mãos vazias, sem bolsa, relógio. Cansei de dar dinheiro e, como idiota, procurá-la pelas ruas, buscá-la no pronto-socorro, nas delegacias. Ela chegou a apanhar. A se machucar muito.

Já tentei deixá-la. Mas me preocupo e tenho medo.

Morro de vergonha. Há muitos anos escondo minha família dos amigos.

Não me perdoo por não saber lidar com a situação. Sinto frustração e não tenho mais esperança de curar mamãe. Já tentei tudo. Paguei psiquiatra durante muito tempo. Ele receitava aqueles remédios de tarja preta. Eu e a mana ficávamos vigiando até ela tomar. Revoltada ela parava de comer, se recusava a tomar banho, e nos fitava com o olhar vazio. Eu ficava bravo, gritava que ela devia reagir. Até que um dia ela disse que era pra deixar que ela morresse.

O médico decidiu internar. Ainda esperamos um tempão para o convênio liberar a vaga. No dia marcado, fui levá-la, sozinho. Diante das grades do sanatório, senti um aperto no peito, ela tremia e implorava. O lugar era deprimente e nunca me esqueci da expressão de estupidez dos loucos. Não suportei. Abraçamo-nos. Levei-a de volta. Em casa, ela parecia que tinha tomado consciência, sei lá, talvez animada pelo pânico ou pelo carinho que havia surgido entre nós. Subitamente, disse que estava decidida. Ia parar de beber. Fiquei feliz como quando ganhei meu primeiro ursinho de pelúcia. Dormia com ele todas as noites. Durante as aulas eu enfiava a mão na mochila e ficava afagando escondido com medo dos outros meninos tirarem sarro.

A promessa durou dois meses. Acho que ela não me ama e nem se importa. De outra forma ela me ouviria.

Quando trabalhei no Japão, um dia criei coragem e fui visitar papai. Fui de surpresa. Uma guria sedutora, com um nenê no colo, atendeu a porta. Esta cena não me sai da cabeça. Disse que havia me enganado de casa e fui embora. Foi como se o juiz tivesse dado a sentença final. Nunca terei minha própria vida.

Vivo no desespero, Lola. Este drama nunca vai terminar.

Sim. Eu o odeio por ter me deixado com este encargo.

Quem me aprisiona sou eu mesmo? Só rindo. Papo de analista agora, Lola?

Nem sempre sou assim tão fraco. No meu último emprego criei e instalei todo o sistema. O chefe vivia estressado e me desvalorizava na frente dos outros. Era muito incompetente. Um dia cometeu um erro muito grave. Como não queria enfrentar as consequências, ele fez um grande estardalhaço e jogou a culpa em mim, por um erro dele. Pedi a conta. Ele foi mandado embora e eu não. Continuei na empresa. Tenho orgulho disso.

Não. Não tenho esta força para lidar com a minha vida.

Sou apegado a minha mãe? Oras bolas, e dá pra não ser? Você ri porque não é sua mãe!

Claro que estou preocupado com a próxima entrevista. Sinto medo.

Ora, Lola, claro que não vou contar a verdade. É muito feia!

Relatório 10
Cargo: **Estagiária de Recursos Humanos**

Resumo da Entrevista

Natural de São Paulo/SP, 26 anos, solteira e sem filhos. Reside com os pais no bairro Vila Nova Conceição. O pai trabalha como Diretor de uma ONG; a mãe como dona de casa. Recebeu educação tradicional religiosa, em que os principais valores foram: honestidade, integridade e ética. Relatou ter uma relação "horizontal" (apesar da tradição oriental), caseira, amorosa e unida com a família.

Afirmou não ter problemas de saúde. Não pratica esporte. Gosta de música e arte.

Demonstrou ter como pontos fortes, profissionalmente: objetividade, compromisso e facilidade no aprendizado. No entanto, precisa ser menos metódica, pois às vezes pensa que as outras pessoas estão fazendo as coisas de maneira errada, devido a sua generalização de processos individuais.

Para manter-se atualizada, consulta a internet e lê jornal.

Definiu o seu estilo de trabalho como sendo autosuficiente, sempre que possível.

Relatou que sua vida pessoal está boa, está se desenvolvendo em suas áreas de interesse. Para o futuro pretende encontrar a sua "cara metade" enquanto se aprofunda na área de RH.

Fala inglês fluentemente. Cursou Ciências Sociais na PUC por dois anos, porém resolveu trocar o curso por Psicologia, "por ser mais abrangente no conhecimento das humanidades". Atualmente, está no quarto ano, na PUC. Tem disponibilidade para estagiar nos períodos da tarde. Realizou estágio em instituições e agora gostaria de "experimentar" a psicologia organizacional.

Tem ótimo nível sociocultural. Realizou diversas viagens ao exterior para intercâmbio e turismo.

Apresenta-se com educação e simpatia. Inicialmente parece um pouco estranha (distante), mas depois de algum tempo se torna uma pessoa encantadora. Boa apresentação pessoal e postura profissional. Demonstra ser muito inteligente (pensamento bem estruturado), articulada, culta, com bom relacionamento interpessoal, adora pensar e discutir conceitos, dedicada e muito comprometida. Ótima comunicação oral e escrita. Com ótimo potencial de desenvolvimento.

Sua pretensão salarial (bolsa) é de R$ 1.000,00 + benefícios.

Está participando de outros processos seletivos.

Realizou os testes com tranquilidade e muita rapidez.

Teste de Português: 10.

Matemática: 8 (sem calculadora).

Excel: básico (monta planilhas básicas).

A VIDA SECRETA DOS PROFISSIONAIS

Conto

LIVRE, LEVE E SOLTA

Catherine e **Ludovic Von Haus** são casados e muito felizes.

Este é o menor conto do livro. Fala tudo só com o título.

Conto

A VIAGEM – LIBERDADE DOURADA!

Mércia Regina Kobo é economista pela UNICAMP, trabalha na área comercial gerenciando equipes de vendas diretas ao consumidor. Atualmente gerencia a área comercial de uma indústria de cosméticos.

Proibido estacionar. Proibido fumar. Proibido pisar na grama. Proibido jogar lixo. Proibido usar o celular. Proibido comer gordura. Proibido parar no acostamento. Proibido... Proibido... E ainda, no meu caso, como tenho ascendência japonesa: "proibido casar com ocidentais". Ah, meu Deus!

A natureza nos deu prazer em fazer certas coisas e preguiça para não fazer outras. Mas também nos proporcionou uma sensação especial quando transgredimos. Sempre cultivei uma fantasia de transgredir, dar uma resposta à vida de tantas repressões, mas que eu pudesse de alguma forma ser perdoada. Assim começou a minha realização.

Convenção da empresa em Serra Negra, São Paulo. Viajarei sozinha, sem carona.

– É hoje! Parte do plano foi pegar três garrafas de água e apressar a saída, antes que alguém sem carro me pedisse carona e atrapalhasse meu projeto. Na saída da rodovia principal para entrar na vicinal, eu já havia tomado as três garrafas sozinha...

Céu azul, sol com nuvens eventuais, brisa refrescante. A estrada de mão dupla era cercada por canaviais por todos os lados. Golpes de vento faziam ondas naquele tapete verde, que me distraíam na solitária viagem. Uma longa subida à frente me indicava que a hora estava chegando. Carros em baixa velocidade disputavam a única faixa da pista com os lentos caminhões repletos de cana cortada.

Uma fila de veículos se formava naquela subida. Não havia postos de gasolina, restaurantes, casas, fazendas, nada. Só cana e asfalto. Cenário ideal.

Parei o carro no acostamento, largo, grama rente. Carros e caminhões na estrada não passavam dos 20 km/h. Tirei minha calcinha ainda no carro. Abri a porta e saí lentamente com uma perna de cada vez, fazendo minha saia subir a ponto de revelar aos curiosos viajantes a mancha escura da minha genitália. Minha densa pelagem denunciava a força da repressão oriental sobre as mulheres. Entre risos e queixos caídos, adultos e crianças em busca do feriado prolongado quebravam o tédio da viagem testemunhando a cena.

Andei cerca de dez metros no acostamento, de forma que meu carro não atrapalhasse a visão da pista, como a procurar um palco para o meu show. Então, de frente para a estrada e encarando o sol de uma linda manhã de outono, movimentos lentos, levantei minha saia. Meu coração batia mais rápido e os veículos mais lentos. E mais olhares. Ninguém buzinou. Não se ouvia palavra. Então, agachei-me com as pernas abertas, deixando minha "intimidade" visível até aos pássaros. Senti nela o calor do sol e a brisa, numa combinação excitante. Meus mamilos se intumesceram. Liberei então o mais longo e prazeroso xixi da minha vida. O jato dourado era atingido por ousados raios de sol a invadir minha privacidade, como que querendo participar da festa. Meu xixi parecia uma chuva de estrelinhas brilhantes que deleitavam os viajantes boquiabertos a olhar num misto de reprovação e diversão. Os respingos quentes nos meus pés, a sensação gostosa de fazer um xixi contido e todos aqueles olhares a contemplar minha transgressão dispararam em mim uma onda de prazer tão grande, que culminaram num indisfarçável orgasmo, para deleite da "plateia".

Durante aquele ato todas as minhas repressões desde criança desfilaram em minha cabeça.

Era minha forra. Sou capaz de seguir regras sim, mas eu precisava dar o meu troco e mostrar ao mundo que também tenho a minha liberdade. Uma liberdade dourada, líquida e certa. Que felicidade...

Vários viajantes abriram seus vidros e me aplaudiram. Sorri em agradecimento, recompus-me, entrei no meu carro e segui viagem. Estava feliz por ter realizado uma transgressão, pela qual estou certa que fui perdoada. Afinal, eu só atendi a um chamado da Natureza.

RELATÓRIO 11
Cargo: **Gerente Comercial**

Resumo da Entrevista

Silvia nasceu em Pernambuco, tem 37 anos e sua família está em Fortaleza e Recife. Possui casa própria em São Paulo, na Vila Leopoldina, onde mora com a filha de 13 anos. Seu pai está aposentado e sua mãe falecida. Considera sua família como sendo seu "tesouro precioso". Definiu a relação com os pais como sendo de "aprendizado eterno", pois recebeu formação rígida em que os principais valores foram: caráter, respeito aos mais experientes e vividos, honestidade, valorização dos estudos, disciplina e amor.

Realiza tratamento de saúde e tem a pressão oscilante. Não pratica esporte e gosta muito de leitura e cinema. Percebe-se como uma pessoa empreendedora, leal, bem humorada, muito profissional, ousada, muito exigente, de fácil relacionamento, dedicada e vitoriosa.

Silvia diz que agora pode priorizar o trabalho por sentir que sua filha está se desenvolvendo bem nos estudos. Sonham estudar no exterior e sentem que formam uma dupla "bem sucedida".

Silvia apresenta-se com muito entusiasmo, dinamismo e postura profissional. Demonstra ser muito educada, simpática, empática, dinâmica, corajosa, prudente, expansiva, focada, exigente, pró-ativa, detalhista, ambiciosa, alegre, com ótimo relacionamento interpessoal, com liderança bem desenvolvida e estratégica. Ótima comunicação oral e escrita.

Iniciou sua vida profissional aos dezessete anos. Foi analista administrativo-financeira, vendedora e gestora de vendas. Escolheu estudar Administração de Empresa porque herdaria os negócios da família focados no comércio varejista. Porém, por falta de gestão adequada e dos problemas de saúde dos responsáveis, não houve tempo hábil para que estivesse preparada e com os estudos concluídos para assumir o negócio. Mesmo assim, finalizou a graduação e realizou vários cursos de aperfeiçoamento profissional.

Muito estável, cresceu profissionalmente em duas das principais marcas de varejo livreiro de São Paulo, onde atua há mais de doze anos. Sente que foi "seduzida" pelo varejo, especialmente o varejo de livros. Acredita que a nobreza do produto é muito desafiante em um país como o Brasil, cujo acesso a esse produto é mais concentrado nas classes de maior poder aquisitivo. Ao longo do tempo percebeu que o varejo deixou de ser um grande "guarda-chuva" de profissões e passou a exigir habilidades diversas e muitas experiências para a obtenção de resultados positivos.

Para manter-se atualizada lê o jornal Folha de São Paulo e consulta constantemente a internet. Pretende investir mais na sua capacitação, no momento, para o domínio de idiomas e, para o futuro, deseja fazer um curso no exterior para especialização e aperfeiçoamento no varejo em vários países. Com isso, quer crescer hierarquicamente.

Acredita que tem como pontos fortes, profissionalmente, o desenvolvimento de pessoas, pois lidera grandes equipes, e empreendedorismo. Trabalha muito bem sobre pressão, sua carreira tem consistência e atua numa visão holística. Com perfil estratégico e ao mesmo tempo "hand-on", possui um estilo de trabalho muito exigente, cordial e focado. Sente a vida profissional equilibrada.

Espera, da futura empresa contratante, uma relação "ganha ganha", com muita autonomia, respeito e crescimento. Em contrapartida, compromete-se a ser uma profissional de extrema confiança, muito disciplinada, trabalhando sempre para os melhores resultados e com muito conhecimento do segmento de varejo.

Seu último salário foi de R$ 4.800,00, mais benefícios e quilometragem. Sua pretensão salarial é de R$ 7.000,00, mais bônus e benefícios.

Não teve tempo para realizar os testes.

Conto

- -

A OSCILANTE

Jaime Leitão escreve diariamente há 22 anos artigos de opinião e crônicas em jornais. É apaixonado pelas palavras, pela fotografia e as artes plásticas. Não consegue viver distante delas. Ensina redação há mais de trinta anos. Tem treze livros publicados, entre poesia, crônica, didáticos, peças de teatro, microcontos, infantis. É coordenador do Programa JC Presente na Escola, do Jornal Cidade, de Rio Claro. Está nas redes sociais e você poderá conhecer um pouco do seu trabalho entrando nos blogs: www.leiturasepropostas.blogspot.com, www.poemasdejaimeleitao.blogspot.com e www.fotosdejaimeleitao.blogspot.com

    Eu sou muito segura. Tanto que sou uma excelente profissional. Comando equipes de vendas com a maior desenvoltura. As minhas mãos estão tremendo, eu sei, mas já passa. Se eu não fosse corajosa, mulher macho, não aguentaria essa barra de viver em São Paulo, com a minha família toda no Maranhão e em Brasília. Só a Dani está aqui comigo. A Dani é o meu tesouro. A minha família inteira é o meu tesouro. Se não fosse a educação que recebi, não seria nada.

    A minha pressão está oscilante ultimamente, 16x8, 14X9, mas basta eu me acalmar que ela volta ao normal 12x8, 12X7. Hoje deve estar uns 20X12, também depois dessa entrevista de uma hora e meia, não há pressão que resista.

    -Vai atropelar a mãe.

    Estou na faixa de pedestre e o retardado quase passa em cima dos meus pés. Deve ter tomado todas o desgraçado. Essa lei seca foi criada para quê?

E também não adianta muito. Tem gente que não bebe e é mal-educada no trânsito. Toma coca zero e não respeita ninguém.

Vou conseguir esse emprego. Fui bem na entrevista. Falei no meu melhor português, não gaguejei. Citei Machado de Assis, Graciliano Ramos, José Saramago, os meus autores prediletos. Odeio livro de autoajuda. Isso eu não falei. E se a minha entrevistadora, que tem aquela cara da presidenta Dilma Roussef antes da plástica, for apaixonada por livro desse tipo?

É melhor não arriscar. Também não exponho a minha intimidade. Em entrevista de emprego, sou seca, objetiva, fria, direta. Na vida não sou seca. Sou amorosa. Mas demonstrar amor é muito perigoso. As pessoas abusam. O amor é quase sempre mal interpretado.

O problema é que me envolvi com um tranqueira logo que cheguei a São Paulo e me dei mal. Era ingênua. Quase uma criança. Hoje sou uma fortaleza. Pelo menos nasceu a Dani da nossa relação. O desgraçado nunca me pagou pensão alimentícia. Não reclamei. Sempre me virei sozinha. Na raça. Preciso passar numa farmácia para medir a minha pressão. Estou com uma batedeira. Passa logo. Está quase na hora de pegar a minha filha na escola.

O metrô deve estar cheio. Odeio metrô lotado. Aqueles caras grossos passando a mão na bunda da gente. Eu não xingo porque não sou disso, mas não gosto. Amarro a minha cara e o sujeito se afasta. Sou brava. Será que na entrevista eu estava de cara muito amarrada? Eu poderia ter um carro, mas não gosto de dirigir nesse trânsito maluco. Tenho carteira de habilitação, só que já venceu.

O calor hoje deve ter passado dos 40 graus. Como estou transpirando! A roupa está colada no meu corpo. Preciso tomar um banho urgente, daqueles que limpam até a alma.

Eu sou feliz, não preciso de homem. A minha vida é o meu trabalho. E também a minha filha. A Dani nessa fase de adolescência ficou um pouco rebelde, mas daqui a pouco passa. O tempo passa muito rápido. Logo será mulher feita. Espero que não caia no mesmo conto da paixão que eu caí. Mas a Dani é mais esperta do que eu. A nova geração dá de dez a zero na minha.

Acho que a minha pressão está subindo. Estou sentindo uma zoeira.

Preciso pegar o metrô. Estou atrasada. A Dani está me esperando. Não sou mãe superprotetora, mas é que a violência está muito alta. A minha pressão também. Não estou enxergando mais nada. Socorro. Eu quero ver a DANI...

Conto

E VAI ROLAR A FESTA

Cacilda Gonçalves Velasco é Titular Especialista em Psicomotricidade pela Sociedade Brasileira de Psicomotricidade, professora e pedagoga, com Graduação em Letras, Formação em Piano Clássico, Educação Física e Terapias Orientais. Diretora Terapêutica da Associação VEMSER, Diretora Administrativa do Instituto Velasco e Coordenadora e Docente de Curso de Pós Graduação em Psicomotricidade pela Universidade Gama Filho, em Brasília e Rio de Janeiro. Possui quatro livros publicados: Habilitações e Reabilitações Psicomotoras na Água, Natação segundo a Psicomotricidade, Brincar – O Despertar Psicomotor e Aprendendo a Envelhecer à Luz da Psicomotricidade.

Seu nome é Sílvia. Por trabalhar numa entidade apadrinhada pelo grupo de empresa, nossa associação é responsável por mobilizar os colaboradores em eventos sociais, festas, passeios, etc. gerando lazer e agregando benefícios a todos e suas respectivas famílias.

Sílvia sempre foi tida como uma pessoa inteligente, pró ativa, de resultados em seu setor, pois todos a reconhecem como uma colaboradora eficiente e eficaz. Em algumas ocasiões difíceis da empresa em termos de "vendas," vieram dela boas ideias e soluções.

Por sermos uma entidade do terceiro setor, parceira das empresas do grupo, nos cabe a responsabilidade da organização de eventos, festas e comemorações. Naquele ano de 2010, planejamos uma festa a fantasia como encerramento de nossas atividades. Iniciamos os preparativos e o principal era a mobilização de todos os colaboradores na participação alegre e festiva que desejávamos.

Revendo a lista de confirmados, observamos que o nome da Sílvia não constava. Resolvemos abordá-la. Todo seu setor estaria presente e tínhamos até a intenção de permitir que trouxesse sua filha, caso nos apresentasse alguma desculpa sobre ter de ficar com a mesma. Mas fomos surpreendidos com a justificativa de que, naquele exato dia, sua filha passaria por uma avaliação fisioterápica (bastante estranho, pois seria num sábado à noite) e ela não gostaria de estar distante do que o fisioterapeuta pudesse apresentar a respeito de seu quadro.

Até com certa curiosidade a abordamos questionando qual era o problema. Com muita surpresa vimos Sílvia chorar e dizer que sua filha sofria de uma doença degenerativa grave e a cada ano seus comprometimentos motores se acentuavam. Fazia tratamento em hospital de referência, mas suas expectativas de vida diminuiriam com o tempo, já que a doença era evolutiva.

Triste, mas inevitável que esse fato percorresse os corredores das empresas. De forma positiva todos passaram a admirá-la mais ainda, pois nunca faltou, era extremamente pontual e, acima de tudo, nada comentava ou se lastimava no dia a dia a respeito.

Sílvia é uma mulher bonita. Cabelos tingidos de vermelho, corpo escultural, maquia-se muito bem (chegamos até a lhe solicitar treinamento às colegas a respeito) e, naquele dia, aquele choro realmente foi uma surpresa, pois sempre nos passou uma imagem de pessoa forte, autoconfiante e com boa autoestima.

Seu círculo de relações corporativas era diverso, mas começamos a perceber ela mais próxima de uma determinada atendente

(Mara), nos últimos tempos. Contrariamente a ela, essa colaboradora não era um exemplo de eficiência, faltava demais e se apresentava constantemente doente, sempre com alguma dor, e tudo era motivo para sair mais cedo ou se ausentar do trabalho.

O setor de TI do grupo de empresas nos alertou que precisava atualizar o antivírus de todas as máquinas nos setores. Questionamos se estávamos passando por algum problema ou instabilidade de conexões. Foi comentado que alguns colaboradores usavam suas estações de trabalho para assuntos pessoais em termos de emails, fotos, filmes e redes sociais, e isso prejudicava o bom fluxo de trabalho da rede. Com essa informação, passamos a "visitar" mais atentamente os setores.

Numa determinada tarde, ao passar pelo setor da Mara, nos deparamos com ela fora de sua mesa de trabalho e sua máquina aberta no facebook. Naquele momento tentamos identificar a página que a Mara estava visitando.

A surpresa foi enorme! Lá estava ela e a Sílvia, em várias fotos, numa Festa Rave. Rave é um tipo de festa que acontece em sítios (longe dos centros urbanos) ou galpões, com música eletrônica. É um evento de longa duração, normalmente acima de 12 horas, onde DJs e artistas plásticos, visuais e performáticos apresentam seus trabalhos, interagindo, dessa forma, com o público.

O que nos "chocou" foi ver a Sílvia, vestida com roupas minúsculas, abraçada com pessoas muito mais jovens que ela e em situações bastante constrangedoras. Mara parecia também bem ambientada àquelas situações e, em algumas fotos, demonstrava estar completamente envolvida com a Sílvia.

Um misto de surpresa e decepção nos invadiu. Como aquela mulher se prestava àquele convívio e se negara a participar de uma modesta festa conosco? Era seu "lado B" que nos apareceu.

Ela, de uma forma ou outra, havia sido tirada pela vida do período de sua juventude, talvez na criação daquela filha deficiente. Talvez encontrasse agora uma oportunidade de viver o que desejava ter vivido... Só que às escondidas.

Resolvemos investigar de forma bastante modesta e sigilosa aquela relação de Sílvia e Mara. Constatamos que todos os finais de semana ambas frequentavam essas festas; a desculpa dada sempre pela Silvia era o tratamento da filha, para qualquer outro convite e seu círculo de amizades, fora da empresa, realmente eram jovens "sarados", baladeiros, que passavam praticamente regados a bebida, drogas e rock and roll.

Tentamos manter essa informação a sete chaves. Não queríamos prejudicar a boa imagem que Sílvia tinha dentro da empresa, até porque dentro dela nunca deu nenhum motivo que a desabonasse.

O que fica para nós, até hoje, são muitas perguntas sem respostas, principalmente em relação a sua filha, sendo que a que não quer calar é a seguinte. Até quando esse "lado B" de Sílvia será mantido escondido num mundo onde a privacidade perdeu campo e as redes sociais proliferam na invasão de todos os nossos "lados"?

Relatório 12
Cargo: **Assistente de Faturamento**

Resumo da Entrevista

A candidata é natural da cidade de São Paulo, 30 anos, casada há 10 anos. É mãe de uma criança de sete anos que frequenta escola e no restante do período permanece com a empregada da família. Seu marido trabalha como Técnico de Metalurgia. Reside no bairro de Presidente Altino, com fácil acesso para Tamboré.

Recebeu educação rígida em que os principais valores eram: ter caráter, responsabilidade, correr atrás dos objetivos e muito amor. Seu pai trabalha como mecânico e sua mãe como dona de casa. Definiu a sua família como sendo muito unida e a sua relação com os seus pais como sendo muito afetiva.

Relatou não ter problemas de saúde. Não fuma. Gosta de viajar.

Acredita que tem como pontos fortes, profissionalmente: pró-atividade, dinamismo e persistência. Diz também que precisa estudar mais, fazer cursos.

Relatou ter restrições cadastrais. Valor abaixo de R$ 400,00, e que está em negociação. Relatou não ter processos trabalhistas contra antigos empregadores.

Para manter-se atualizada realiza pesquisas.

Define o seu estilo de trabalho como sendo dinâmico.

Sua vida pessoal está boa, feliz no casamento. Percebe-se como uma pessoa sincera, exigente, ansiosa, direta, boa amiga e boa mãe.

Para o futuro planeja fazer faculdade em Administração de Empresas e alguns cursos de aperfeiçoamento. Busca mais estabilidade profissional.

Apresenta-se com educação e simpatia. Boa apresentação pessoal e postura profissional. É empática, sociável, adaptável, comprometida e esforçada. Boa comunicação oral e escrita.

Seu último salário foi de R$ 1.000,00 + benefícios.
Sua pretensão salarial é de R$ 900,00 + benefícios.
Está participando de outros processos seletivos.

Conto

PELADA DA SILVA

Danilo Marmo é psicanalista, com clínica voltada para adolescentes e adultos, e membro do departamento de publicações do CEP – Centro de Estudos Psicanalíticos. E-mail para contato: marmo.danilo@gmail.com.

Que noite era aquela?! Tinha dormido tranquila, por entre ocres pesadelos.

Abriu os olhos com o cansaço de uma boa noite de sono. Sentiu o cheiro dourado do calor dos primeiros raios de sol. Luz quente – pensou ela. Abriu a janela, tirou a calça jeans e reparou que tinha dormido com ela do avesso.

Estranho? O céu estava preto café e a grande janela de alumínio estava molhada, ensopada mesmo, de tanta água que não chovia lá fora.

Pelada bocejou, tossiu, foi até o banheiro pulando numa perna só. Abriu a torneira, sentou-se na pia e paulatinamente urinou o mais laranja dos líquidos, sem bagaço.

Ligou o chuveiro, entrou no box e deixou a água cair pelo seu corpo do jeito mais verdadeiro e real: direta e objetivamente, como se os pequenos jatos fossem setas de H20 vetorizadas para o chão. Passou enxaguante bucal nos longos cabelos negros, massageando o couro cabeludo.

Fechou o chuveiro, enxugou-se com papel higiênico bem fininho. Penteou-se com maionese light para desembaraçar melhor os fios. Escovou os dentes com sabão de coco, fez um bochecho com café fresquinho e cuspiu-o no vaso sanitário – onde em seguida lavou o rosto e aplicou uma leve camada de condicionador na face, para hidratá-la.

Pelada da Silva pulou – no outro pé – até a cozinha, como se fosse mulher do Saci. Não tinha fome e então comeu o feijão congelado como se fosse sorvete de chocolate. Colocou farofa doce por cima do feijão, regou com azeite e comeu. Fritou um ovo, mas comeu um frango.

Atrasada para a entrevista, foi colher bons frutos do mar no quintal de seu prédio. Quem colhe planta. Subiu na árvore e pegou três camarões graúdos. Retirou cinco lulas quase maduras, de um dos oito pés de lula. Colheu ainda alguns salmões que tinham caído no chão, de tão maduros. Raspou, com a mão mesmo, alguns mexilhões que estavam incrustados no azulejo da entrada de serviço de seu edifício. Com a sacola de frutos debaixo do braço, escalou até seu andar e deixou tudo num grande balde com água destilada.

Pelada da Silva foi, então, enfrentar a entrevista de emprego.

Chegou no prédio comercial e procurou o andar onde seria a entrevista. Já era noite quando chegou lá, Peladinha. Cumprimentou o porteiro, seu Cardoso de Almeida. Subiu oito andares de escada e foi almoçar com a entrevistadora.

Beberam leite com nata e comeram um spaguetti no pão francês. Riram com histórias de infância, boca suja de molho vermelho e palavrões com tomate. Jogaram baralho para decidir se a Senhora Pelada seria indicada para preencher o cargo pretendido.

Conto

MARIA RITA

Danilo Marmo é psicanalista, com clínica voltada para adolescentes e adultos, e membro do departamento de publicações do CEP – Centro de Estudos Psicanalíticos. E-mail para contato: marmo.danilo@gmail.com.

– Boa tarde. – disseram ao mesmo tempo entrevistadora e candidata.

– Seu currículo é muito interessante, o que você pode acrescentar para além das informações que eu já tenho? – perguntou Maria Alice, a selecionadora, após ambas soltarem um breve sorriso quebra-gelo.

A resposta veio séria e imediata, com capricho no latim:

– Além do que já está em meu curriculum vitae, posso dizer que sou estável, limpa e honesta, não gosto de mudanças e tenho facilidade para controlar.

Ela sabia que não lhe faltava competência para o cargo, estava segura de si e sentia que a entrevista já estava ganha. O emprego seria seu. Mas a pergunta seguinte pegou-a de surpresa:

– E como é a sua vida particular?

Para não demorar, arriscou falar sem pensar e inventou:

– Sou casada há dez anos, tenho um filho limpo de sete anos, Carlos Roberto.

– Deve ser lindo! – Exclamou a entrevistadora, sentindo o elogio deslocado e imaginando talvez não ter entendido certo o que a candidata dissera sobre Carlos Roberto.

– É o mesmo nome do meu pai, mecânico que me ensinou a ter caráter e responsabilidade. – mentia, em parte, ajeitando seu lenço português verde bandeira.

A entrevista de emprego terminou em dezoito minutos. Maria Alice estava satisfeita por ter encontrado uma candidata com um perfil tão bom para a vaga.

Maria Rita partiu. Foi embora lembrando aquela manhã.

Quando acordou tudo estava parado. De uma escuridão silenciosa. Quatro horas da manhã e não se ouvia nada. Não se ouvia o sopro do vento nem o barulho das folhas das árvores. Parecia que todos dormiam profundamente. Sem barulho nos vizinhos, sem som de música ao longe. Não tinha nenhum feirante preparando-se para a labuta. Não se ouvia o vigia noturno que passava de carro apitando de hora em hora. Pegou o primeiro Malboro do dia e ficou atenta para ouvir se ele faria algum barulho. Era como se só ela estivesse viva naquele momento, como se nenhum outro ser fizesse coisa alguma em nenhum lugar.

Pela janela ela via a cidade e, de fato, tudo estava normal: algumas luzes acesas, algumas nuvens no céu e a Marginal Pinheiros no horizonte. Tudo estava lá, porém quieto demais.

Ela percebeu, então, que aquele momento mais parecia uma fotografia do que um instante de verdade. Tudo estava ali, como deveria estar, mas era tudo parado e silencioso. De uma fixidez plácida. Coisa que, aliás, ela bem conhecia: fixidez. Mas nela não tinha nada de silencioso. Seus barulhos internos eram altos e muitos. Coisas a fazer, ordens a cumprir. Mil pensamentos o tempo todo, sempre muito barulho e movimento, bem diferente daquele instante em que acordara e captara o mundo como numa fotografia.

E já eram quatro e quatro da manhã quando decidiu entrar no banho. Apagou o também silencioso cigarro e jogou o pouco que tinha no cinzeiro direto para o vaso sanitário. Deu a descarga sentindo uma satisfação que só as crianças têm. Em alguns segundos, nem sinal da sujeira! Deixou o cinzeiro branco de cerâmica dentro da pia com um pouco de água. O cinzeiro não tinha nenhuma lasca e estampava o logotipo de uma churrascaria vagabunda, num verde bandeira.

Tirou o pijama, dobrou-o. Desdobrou-o e vestiu-se novamente. Tornou a tirar o pijama, dobrando-o dessa vez com mais cuidado. Quiçá com um cuidado maternal. Como se o pijama dobradinho fosse um bebê – seu próprio bebê, quem sabe? – colocou o sanduíche de pijama em cima da tampa do vaso. Olhou e curtiu. Pegou de novo o pijama dobrado, como se fosse a primeira vez. Cheia de paciência, vestiu-se como se estivesse indo dormir novamente. Daí tirou o pijama, dobrou o máximo que conseguiu, até formar um amontoado que não parava dobrado. Abriu o chuveiro, jogou o pijama no pequeno cesto de lixo, com o desprezo de uma mãe que larga um recém-nascido dentro de um saco de lixo no terreno baldio.

Com o pé direito entrou no box e ajeitou a torneira do grande chuveiro, com a mão direita. Água bem quente, sem sabonete nem nada. Só água para a primeira limpeza do dia. Água que caía pura, pensava ela, e carregava para o ralo toda uma sorte de sujeiras imagináveis e inimagináveis. Água sem gosto de chuva, sem gosto de sede, sem gosto do sal do mar. Só água com barulho de chuveiro elétrico.

Todo mundo tem seu ritual de banho, ela bem sabia. Todo mundo lava o corpo seguindo uma ordem – cabeça, axilas, pernas? – que se repete cotidianamente. Poucos se dão conta disso, mas a vida é um acúmulo de repetições. Ela sempre pensava isso.

Depois de calçar seu par de sandálias de tiras brancas e vestir seu roupão de banho levemente perfumado e fresco, colocou aquela música do Roberto Carlos: a primeira do CD, aquela que mais gostava e escutava com um repetido prazer inédito todo o santo dia, como se isso fosse a repetição diária de mais uma parte do corpo a lavar, depois das canelas e dos pés. Roberto Carlos lhe lavava a alma! Ouvia no tempo certo de pentear os cabelos e tirar as sobrancelhas. Olhava-se no espelho e sentia-se satisfeita. Percebia que fazer tudo isso era bom, sem pressa, quatro e quarenta da manhã – número redondo e bonito – dialogava consigo mesma.

O que não percebia é que todo esse ritual para começar o dia acalmava suas angústias internas, pelo próprio fato da repetição.

Ela não percebia isso. Se perguntada, poderia jurar que se sentia bem pela música do Roberto Carlos e pelo cheiro do seu creme para pentear os cabelos e nada mais.

Era curioso o cheiro do seu creme para pentear. Mais curioso ainda era o fato dela ter três potes iguais, ao lado de três frascos de desodorante e nenhum vidro de perfume ou maquiagem. Uma escova de cabelos, CDs do Roberto Carlos, um pequeno aparelho de som. Se seu quarto tivesse um título, poderia ser variações sobre o mesmo tema – brincava ela, em seus secretos pensamentos cotidianos. Tinha pouca coisa em seu quarto. Na verdade, toda a casa era bonita por isso: poucos objetos, só o necessário.

Até 1999, ela acumulava tudo, desde caducos livros do passado, pilhas de jornais e revistas velhas, roupas antigas, bibelôs, tupperware e até uma série de eletrônicos quebrados e espalhados pela casa.

Naquela época não se importava em andar desviando de tranqueiras e, em verdade, pouco percebia que com o passar dos anos tudo estava feio e cheirando mal. Para ela estava limpo. Para ela era assim, não havia nenhum motivo para desfazer das coisas.

Um dia leu numa revista de psicanálise que acumular coisas e não se desfazer de nada era desejo de imortalidade e retenção tal qual a anal. Achou uma bobagem. Mas resolveu livrar-se de tudo, como numa bombástica evacuação de ano-novo. Achou que o famoso ano 2000 tinha que ser todo clean, só com o necessário. Desde então, todos os cômodos da sua casa estavam limpos, visual e literalmente. Sofá de três e dois lugares brancos – sem almofadinhas; mesa de canto branca; um abajur cor de carne combinando com uma cortina reta e simples na janela principal. Televisão em cima de um móvel reto, justo ao seu tamanho e branco. Um tapete retangular entre os sofás, na cor avelã. Nada mais. Sem mesa de centro com toalhinha de crochê, sem vela perfumada, sem relógio de camelô, sem porta-retratos, sem chaveiro, sem bloquinho de papel nem caneta, sem bebida em miniatura, sem taças que ninguém nunca usaria, sem vasinho de violeta, sem bonequinha de madeira, sem nada que não tenha uma utilidade.

Durante alguns dias arrependeu-se de ter jogado fora o controle remoto da TV. Mas depois passou. Mais fácil de limpar, mais bonito de se ver – dizia ela ao seu querido dentista, comparando sua casa com o consultório dele.

Ordem, beleza e limpeza – podia ser seu lema. Depois da música do Roberto Carlos, vestiu sua roupa de ginástica preta e roxa. Não era para correr no parque Villa Lobos. Seu exercício diário era fazer limpeza. Ela era para si própria o mais cruel personal training.

Geralmente começava a faxina atrasada por gastar preciosos minutos tirando e vestindo a roupa de ginástica. Mas naquele dia não. Conseguiu partir logo para a limpeza. Não podia ligar o aspirador de pó porque era muito cedo, cinco e pouco da manhã. Deixava o melhor para o final.

Dispunha da casa toda livre porque vivia sozinha. Mas não era uma solidão triste e magra. Era uma solidão rechonchuda, preenchida dela mesma até a tampa. Seus pensamentos, suas regras, seus rigores, suas ideias, suas repetições e seus detalhes faziam-lhe um estardalhaço de companhia. Só de vez em quando, por alguns segundos, sentia que no fundo era só. Bem de noite, talvez um ou dois segundos antes de dormir, soluçava o vazio. O arroto existencial que diz pra todo mundo da proximidade da morte. Aqueles dois segundos em que os arrependimentos são regurgitados involuntariamente e relembramos os grandes amores interrompidos, aqueles que calcificam o coração aos poucos. Toda noite, por um ou dois segundos. Tão rápido quanto profundo. Meio segundo motriz da angústia humana. Mas ela não tinha ideia de onde vinha sua angústia, só pistas que preferia não seguir. Preferia limpar, ah, como preferia!

E depois da casa toda limpa, já nascendo o dia claro, ligou o aspirador de pó e, como sempre, fez uma pequena festa particular: divertiu-se como uma debutante! Esfregava, roçava aquilo por todos os cantos! Era o clímax de sua manhã, o longilíneo aspirador de pó limpando a casa toda!

Tomava outro banho, para lavar aquele suor que misturava exaustão e prazer.

Na hora de escolher a roupa, nessa terça-feira em especial, não demorou. Já havia gasto cinco horas da segunda-feira vestindo-se e despindo-se incontáveis vezes, até achar o conjunto escolhido: calça preta, camisa branca e um lenço português verde bandeira.

Relatório 13
Cargo: **Diretor de Criação e Arte**

Resumo da Entrevista

Natural de São Paulo/SP, 55 anos, com aparência e atitudes jovens, casado há 17 anos. A esposa trabalha como dentista em consultório próprio. É pai de dois filhos (gêmeos) de 16 anos. Reside no bairro Perdizes. Recebeu educação rígida, em que os principais valores foram: dignidade, honestidade, valor ao dinheiro e estudos. Definiu a família como sendo "bem bacana, estruturada e harmoniosa".

Rogério não relatou problemas de saúde. Pratica esportes, caminhadas. Pra se divertir gosta de cinema, teatro, tocar guitarra e violão; e viajar.

Garante não ter restrições cadastrais, porém teve um processo trabalhista contra uma empresa por falta de pagamentos dos seus serviços.

Sua vida pessoal está equilibrada.

Acredita que tem como pontos fortes, profissionalmente: criatividade, foco no trabalho e planejamento. Acredita também que está sempre aprendendo.

Para manter-se atualizado, consulta anuários, é sócio do Clube de Criação, revistas técnicas e participa de congressos.

Define o seu estilo de trabalho como sendo planejado, e acompanha a equipe.

A premissa de que respeito não se impõe, se conquista com talento e competência, o levou a desenvolver ao longo dos anos uma liderança participativa e motivacional. Ou seja, como a sua atividade é subjetiva, não é uma ciência exata, trabalhar como um time ganha relevância. Defender um bom planejamento, ter um meio de campo criativo que lance boas ideias e um ataque que saiba finalizar e obter resultados, acredita, é fundamental. A partir de um briefing detalhado, orienta e coordena o processo de geração de ideias, buscando à exaustão o melhor conceito criativo. Em sua opinião, não existe anúncio, campanha ou qualquer outra ação sem conceito, sem adequação, sem pertinência, sem relevância, sem ousadia, porque sem esses ingredientes não existem vendas nem construção de imagem de marca. Enfim, demonstra ser do tipo do diretor de criação que, antes de criar, planeja. É um planejador criativo que visa a qualidade e o resultado final, porque, hoje, "client share é mais importante do que market share".

Com a mesma seriedade com que cuida da parte criativa, pondo literalmente a mão na massa e não somente delegando, acompanha todo o processo de desenvolvimento dos trabalhos, para garantir o padrão de qualidade de produção e também planeja as atividades burocráticas (reuniões, problemas com equipamentos, contratações, dispensas, férias) de modo a não comprometer o trabalho.

Sua lista de principais clientes que trabalhou como Diretor de Criação é extremamente significativa.

O sucesso da sua liderança está em ter uma equipe coesa baseada em dois fundamentos, caráter e competência criativa, com um peso maior para o primeiro item, para que nenhum desvio de caráter comprometa o trabalho ou prejudique a união e solidariedade entre os profissionais. Acredita que a motivação está atrelada ao ambiente oferecido pela empresa, a qualidade dos equipamentos e materiais, salário, benefícios, valorização emocional e reconhecimento profissional, grau de envolvimento do diretor de criação com cada profissional, mostrando que é mais do que um chefe. O candidato é um parceiro-colaborador. Acredita que essa é a melhor receita para minimizar conflitos e, se eles existirem, contorná-los imediatamente.

Softwares que domina: word, power point e excel. Apesar de não dominar os programas gráficos, coordena todo o processo de direção de arte dos trabalhos, no tocante à diagramação, seleção de imagens e ilustrações, para obter o melhor resultado estético e harmonioso do trabalho.

Criou campanhas para importantes marcas, como lojas de calçados, supermercados, grandes montadoras e etc. Hoje, a dinâmica do mercado de massa, que exige um giro rápido dos produtos, para evitar a formação de estoques, exige uma postura mais varejo dos anunciantes. Um bom exemplo disso são as ações de marketing das teles (Claro, TIM, Vivo) e da indústria automobilística, que passaram a priorizar as vendas imediatas em detrimento das campanhas de manutenção de imagem de marca. Quanto ao varejo puro, tem uma teoria que expõe quando participa de alguns seminários ou apresentações em escolas:

$T^n = 0$ (Tudo elevado à enésima potência é igual a zero).

Ou seja, querer vender tudo ao mesmo tempo, misturando produtos de categorias diferentes, é meio caminho andado para perder o foco e o dinheiro do cliente. Não é mais possível, em pleno século XXI, comerciais anunciarem um monte de ofertas em 30', na base da gritaria, ou anúncios tão poluídos que o consumidor não sabe para onde olhar primeiro. Considera muito positivo o uso do catálogo como ferramenta de venda direta, pois funciona e é também um excelente instrumento de relacionamento com o cliente. Para o candidato, o varejo merece um tratamento estético e criativo/conceitual tão competente quanto o que se faz para a propaganda convencional (vide os bons tempos da Mesbla e C&A, que revolucionaram a comunicação de varejo). Como dizia Caio Domingues, – uma ideia ruim custa a mesma coisa que uma ideia boa, com a diferença de que uma comunicação inteligente, bonita e criativa vende muito mais e reflete positivamente na imagem de marca da empresa.

Para trabalhar, acredita que não existe a empresa ideal. Pensa que o que existe é a empresa que pensa moderno, atua de forma séria, trata com dignidade os seus funcionários, fornecedores, clientes e investidores. A empresa na qual gostaria de trabalhar tem que ter tudo isso e mais: uma política atuante de RH, um ambiente saudável, benefícios, uma presença forte na comunidade, tem que crescer baseada em desenvolvimento sustentável e entender que, mais importante do que vender produtos é vender um conceito que posicione a marca na cabeça do consumidor. Exemplo: mais do que carros, a Volvo produz segurança para seus clientes.

Os seus planos para o futuro:

No profissional, poder contribuir estrategicamente como Diretor de Criação para a construção de uma nova imagem de marca que torne a empresa querida pelo consumidor.

No pessoal, continuar evoluindo, crescendo e aprendendo sempre com as pessoas a sua volta.

No físico, continuar se alimentando bem e caminhar todos os dias para manter-se em forma e saudável.

Tem como objetivo continuar lutando para ser um bom pai, um bom marido, um bom amigo, um bom profissional, enfim, uma boa pessoa. Tem como prioridade voltar a trabalhar o quanto antes e viver mais um desafio em sua vida. Afinal, o que é o homem sem trabalho? – pensa.

Está comprometido com a sua família, com as suas responsabilidades, com as suas crenças e valores, com a sociedade e com o Brasil.

Ama o que faz e acredita que, "quando a gente faz com amor, tudo fica mais fácil, porque deixa de ser trabalho". Quer deixar o legado de uma pessoa que seguiu o caminho do coração mesmo sendo difícil chegar até ele. A sua visão de mundo é a de que o mundo pode e deve ser melhor se cada um de nós contribuir como cidadão e ser humano pela sua preservação, porque acredita que a nossa vida depende disso.

Acredita que o fracasso nos ensina a tentar novamente, sem repetir os mesmos erros.

Acredita que tem visão:

Abrangente: porque hoje é preciso ver o mundo em 360º.

Integradora: porque ninguém faz nada sozinho.

Pragmática: porque é necessário menos enrolação e mais ação.

Racional: porque cabeça foi feita para usar.

Realista: porque encara os desafios, sem deixar de ser idealista.

Sonhadora: porque adora ver os seus sonhos transformarem-se em realidade.

Sobre a sua maturidade emocional, o candidato acredita que chegou a um ponto bastante equilibrado, considerando-se o estresse vivido hoje no dia a dia. Aprendeu desde muito cedo a conviver com as dificuldades da vida. Considera-se emocionalmente forte. Tem absoluto controle sobre as situações mais diversas, mantendo a calma e usando o bom senso para encontrar soluções.

Para solucionar problemas, primeiro procura entender o que aconteceu ouvindo todos os responsáveis. Segundo, analiso as consequências para estabelecer o grau de complexidade, e busco sozinho ou em grupo, a solução mais adequada ou possível.

Apresenta-se com muita simpatia, educação e descontração – sem deixar de ser profissional. Boa apresentação pessoal e postura profissional. Demonstra ser determinado, perfeccionista, organizado, que defende seu ponto de vista amparado em fatos e não em conjeturas, que conhece todas as ferramentas da comunicação de marketing, "antenado", com visão holística, amigo sem ser invasivo (não mistura as coisas), pró-ativo, com sensibilidade apurada para entender como as pessoas funcionam, criativo, cauteloso, ágil, atualizado, simples, bem humorado, às vezes teimoso, que adora inovar ou fazer diferente e é vaidoso. Com boa comunicação oral e escrita.

Sua vida pessoal é voltada para a sua mulher, suas filhas, seus amigos, seus livros, seus filmes, suas viagens e sua guitarra. É caseiro e dá muita importância para a sua qualidade de vida, apesar de trabalhar entre 10 e 12 horas por dia. Não troca seu sábado e domingo por nada, muito menos por trabalho, a não ser que tenha que apagar algum incêndio. Sabe separar as coisas.

Identifica-se com Charles Chaplin porque ele era um gênio criativo e consciente do seu mundo; com Gandhi, pela sua inteligência, humildade e grande espiritualidade; com Jesus Cristo, uma lenda viva e um exemplo de justiça, de amor e de esperança.

A empresa cliente deve esperar que seja um profissional pró-ativo, inovador, criativo, motivador, determinado, ousado, agressivo (no bom sentido), conciliador, perfeccionista, atualizado, com espírito de equipe e de liderança, voltado para resultados.

Seu último salário foi de R$ 26.000,00 como PJ. Sua pretensão salarial é a mesma, mas está aberto para negociação.

Está participando de outros processos seletivos.

Conto

CLARO QUE SOU CRIATIVO!!!!!

Walter Ribeiro, mais conhecido como The King, é jornalista, publicitário, escritor. Especializado em manuais sobre marketing de relacionamento e neurolinguística. É, acima de tudo, um ser humano espiritualista e positivista e autor do blog http://seutonho-andtheking.blogspot.com.br/

"Seis horas da matina. Hoje acordo mais cedo. Tenho entrevista. Onde já se viu? Depois de quase dez anos super bem empregado, chefiando uma equipe, criando campanhas premiadas e, de repenteeeeeeeee, tô na rua. Não sei nem que roupa colocar para essa entrevista. Se fosse para a Agência, iria com aquele jeans que ganhei no aniversário e a camisa de manga curta cinza. Mas, para uma entrevista de emprego, acho que tenho que ir mais social. Drogaaaaaaa! Cuuuuuuuuu!"

Assim começou o dia de Fábio Jr., publicitário de 55 anos, experiente, premiado e que comandava uma equipe de jovens.

"JOVENSSSS? Será que foi isso? Pensando bem, dos 34 funcionários, só existiam 4 com minha faixa de idade. O resto era tudo garotada, 23, 26 e uns 6 entre 30 e 35 anos. E esses já eram considerados meio tiozinhos. Carambaaa, será que isso ajudou na decisão?"

E, enquanto se arrumava, nosso personagem ia fazendo mil perguntas.

Estava atordoado. Pela primeira vez, em anos, se levantava, abria a janela do apartamento e não ia direto à sua pasta de trabalho. Ao contrário, ela agora estava cheia de anúncios antigos, folhetos que ele não via há anos e um monte de papeladas que as pessoas chamam de portfólio. Na prática, a vida de Fabio Jr. estava ali. O folheto sobre o lançamento daquela moto, a primeira moto 50 cilindradas feita no Brasil, lembrava o nascimento do primeiro filho. Enquanto a esposa sentia as primeiras contrações, ele terminava o texto e o pessoal da arte já estava com o layout pronto. Eram muitas as lembranças, tudo tinha uma história, um pedaço da vida.

"Pronto! Vamos nessa. Ah, sim, o endereço, onde fica mesmo? Lapa. Oh my God, Lapa! Tô no Jabaquara. Vamos torcer pro trânsito estar bom. Trânsito? A PLACA DO CARRROOOOOOOOOOOOOOOOOO. CU, CU, CUUUUUUU. O jeito vai ser tomar um taxi. Já começou o prejuízo".

Foi dessa maneira que nosso personagem saiu para sua primeira entrevista à procura de emprego após 10 anos de uma convivência que ele esperava ser eterna ou, pelo menos, definitiva, em sua vasta carreira profissional.

Após 45 minutos de trânsito e 95 reais no taxímetro, Fabio Jr. chegou no LOST JOB – Recolocação de Profissionais.

Entrou. Apresentou-se e, de repente, caiu a ficha. Lembrou os muitos e muitos profissionais que esperavam para falar com ele lá na Agência, na expectativa de uma vaga no Departamento de Arte, na Redação, na Mídia, etc., etc. Todos como ele. Pastinha na mão. Portfólio todo arrumadinho e um roteiro pronto na cabeça já antevendo as perguntas que seriam feitas.

Após dois cafezinhos, servidos – por coincidência – em xícaras da fábrica de porcelana que já foi seu cliente, convidaram-no a entrar.

Bom dia Fabio, tudo bem? Achou fácil o caminho?

Sim, sem problemas.

Encontrou vaga no nosso estacionamento? Essa hora não é tão difícil.

Ah, não. Como vi bastante zona azul, preferi não me arriscar.

"Claro que não vou falar pra ela que esqueci a placa do carro e tive que gastar maior grana em taxi. Vai achar que sou esquecido e isso já conta ponto na entrevista. Você não me pega não, loirinha. E que loirinha heim? Bem jeitosa".

Fabio, recebemos seu currículo que, por sinal, é muito bom. Diz uma coisa, qual o motivo da sua saída da agência, após dez anos de trabalho?

Olha Regina – posso chamá-la assim, não?

Claro, Fábio.

Então, a área de Propaganda, Marketing ou qualquer outra atividade ligada a Comunicações, é feita de desafios diários. Trabalhamos com vários tipos de clientes, às vezes de segmentos completamente diferentes, até mesmo opostos. Podemos atender, na parte da manhã, uma empresa que vende material esportivo para academias e, à tarde, uma rede de Consultórios Médicos especializada em problemas de coluna, reabilitação motora etc. e que tem como principais clientes, justamente aquelas pessoas que frequentam as Academias e não são bem orientadas. Então nosso exercício mental é contínuo e intenso. Nesses anos todos de carreira, eu já atendi mais de 100 empresas dos mais variados ramos e atividades, e sempre havia diferentes desafios. No começo, eu...

Fábio! A gente vai chegar nessa parte de contar sua história, agora eu somente preciso entender o motivo da saída da última empresa.

Eu sei Regina, mas a explicação não é tão simples, principalmente em função do ramo de atividade que eu exerço. "Loirinha fdp. Não deve ter a mínima noção do que é meu trabalho e nem tem humildade pra ouvir. Aposto que ela era secretária do dono, ficaram amantes e, pra recompensá-la, colocou-a aqui."

Continue Fábio.

Como ia dizendo, e pra resumir esta parte, tenho que dizer que publicitário não é funcionário público, não é um contador, profissões que têm um ritmo muito parecido todo dia. Um ritmo burocrático. Nós utilizamos demais o cérebro – "coisa que ela não deve ter embaixo desses cachos loiros" – e isso traz um desgaste muito grande.

Na verdade, eu é que dei os primeiros sinais que já estava um pouco cansado daqueles mesmos clientes que estavam na agência há muito tempo, aquela equipe que já não apresentava grandes ideias, ou seja, também estava virando uma rotina pra mim, e isso não é bom. Eu vivo de desafios, de coisas novas, do desconhecido – "porra nenhuma, eu tava numa boa ganhando meus dez paus por mês, vaga na garagem, prêmios etc. e ainda descubro quem me ferrou lá dentro". – essa é a questão, Regina, de alguma maneira, eu comecei a cobrar mudanças fortes lá dentro e sentia muita resistência. As coisas foram caminhando normalmente para minha saída. De certa maneira, fiquei até aliviado quando me comunicaram que nosso ciclo havia chegado ao fim.

"Aliviado o cacete, estragaram minhas férias e a viagem que iria fazer pra Disney, tive que cancelar a troca do carro, logo agora que ia pegar um Fusion".

Mas Fábio, se você, de alguma maneira, estava meio que forçando a sua saída, por que não iniciou o processo de recolocação já nesse período em que estava empregado?

Acho que, no fundo, eu tinha esperanças que eles iriam seguir minhas opiniões e fazer uma mudança geral na agência. Eu estava sobrecarregado. A equipe toda, praticamente, era formada por gente muito jovem, sem a devida experiência, garotada que cursava ainda a faculdade ou recém-formados. Eles pagavam um salário baixo pra essa turma, colocavam um belo título no cartão de visitas e, como resultado, o meu trabalho triplicava. – "na verdade, esses viadinhos todos tinham ótimas ideias e estavam me passando pra trás. E ainda apareciam com uns aparelhos cheios de novidades, faziam coisas no computador que eu não entendia. Mas ela não precisa saber disso, hehehehehe".

Como você se define como pessoa, Fábio?

Todos nós temos virtudes e defeitos. Eu comecei minha vida como assistente de redação há muitos anos. Fui me esforçando e procurando sempre aprender. Então, a persistência é uma das minhas virtudes. – "mal sabe ela que faltou pouco pra eu dar o cano hoje, onze horas tem jogo de tênis na TV, e eu poderia estar lá assistindo. Vai jogar aquela gostosa da Sharapova e eu aqui com essa desmilinguida querendo saber da minha vida". Como ia dizendo, eu sou persistente e determinado. Acho que o resultado é apenas consequência de nosso esforço, de nossa dedicação.

Fábio, seu currículo mostra que você recebeu muitos prêmios. O que isso representa para você?

Olha, Regina, eu só coloquei aí no currículo porque eles aconteceram. São prêmios de todas as equipes com que trabalhei. Nem sei quantos nem onde aconteceram porque isso não é o mais importante para mim.

"Ahahahahahahah, essa foi boa, não existe profissão que vive mais em função de prêmios que a dos publicitários. Acho que é a única profissão que vive fazendo festas e criando prêmios para coisas que só fazem bem pro ego da gente e, o pior, os clientes é que acabam pagando essas festas todas. Ahahahahahaha, nós, publicitários, somos prato cheio para psicólogos, analistas, etc. Carregamos em nós a síndrome da mentira, inventamos qualidades que não existem nos produtos, utilizamos as palavras para envolver as pessoas, obrigamos pais de família a comprar brinquedos, games, jogos e infinidades de coisas, criamos necessidades de compra absurdas e adoramos aparecer. Ahahahahahah".

Fábio está tudo bem? Pareceu que você estava pensando alto e quase rindo sozinho.

Desculpe Regina. Eu agora estava fazendo uma reflexão sobre as várias festas a que não fui porque preferi ficar terminando um trabalho de um cliente. Talvez isso, ao invés de me ajudar, tenha me prejudicado. O meio publicitário adora esses acontecimentos, esses eventos em que eles se revezam pra um elogiar o outro. Infelizmente, eu não sou assim. Acho que o maior prêmio é o cliente ficar satisfeito com o trabalho apresentado e com o aumento dos lucros na sua empresa. "É que esses bundas moles que fazem as premiações não me mandam convite. Preciso ligar prum monte de gente até conseguir um".

E a vida familiar Fábio, como vai? Você tem dois filhos, certo?

Vai ótima. Não deixo que meus problemas interfiram no relacionamento em casa. O filho mais novo, o João Paulo, está com 15 anos, adora basquete e é ótimo na escola. – "tadinho, puxou o pai, com 1.65m e fica sempre na reserva do time. E tem professor particular porque é um vagau. Nisso puxou a mãe".

E o outro filho?

O Daniel fez 19 anos no mês passado. Trabalha meio período, namora a mesma menina há dois anos e vai se formar em Psicologia. – "quem sabe não vem trabalhar aqui com você, já que ele também é meio doidinho hehehe. Sem contar que a namorada dele deve ter algum segredo. Não trabalha, mora no centro da cidade com umas amigas, está sempre com roupinhas justas, hummmmmmm, num sei não, acho que é uma fria".

A sua esposa, Maria Rita, trabalha fora?

Sim, ela é professora de educação física, trabalha em academias e também é personal trainner. É meu segundo casamento. Os dois filhos são da primeira esposa. Um dia, a Eliana, esse é o nome dela, um dia, ela simplesmente acordou, pegou a chave do carro dela e foi embora. Coisa de filme do Godard. Ligou depois de duas horas dizendo que o carro estava no estacionamento do aeroporto e ela havia embarcado para o Nordeste. Havia cansado da vida de mãe, dona de casa, etc. Fiquei com os dois filhos, um tinha 10 e o outro 14. Então conheci a Maria Rita, que estava terminando a faculdade de Educação Física. Consegui um emprego pra ela na Academia de um cliente da Agência e, hoje, já estamos vivendo juntos há três anos.

Quantos anos tem a Maria Rita, Fábio?

Ela está com 24 anos agora. É super madura! Dá uma força incrível. Claro que temos alguns probleminhas, principalmente com o Daniel, o mais velho. Ele tem muito ciúme e acha que a nossa diferença de idade é grande demais. Chegou a insinuar que a pobre menina está dando um golpe em mim. É incrível como essa garotada não acredita mais no amor, não é mesmo, Regina? – "se ela falar alguma abobrinha, pulo no pescoço dela e acabo com esse ninho de passarinho na cabeça".

Bem, Fábio, é muito difícil analisar o relacionamento entre duas pessoas. O importante é o que vocês dois sentem um pelo outro. Daqui a pouco o Daniel fica noivo ou apenas vai viver junto com a namorada. O mais novo também está numa fase de mais independência e você pode acabar ficando sozinho. Então é bom que tenha essa pessoa ao seu lado. O que aconteceu no relacionamento com a ameaça de desemprego?

Sabe, ela não gostou muito não. No começo ficou preocupada com as contas e os nossos planos. Estávamos programando uma viagem no final do ano e eu iria trocar meu carro e o dela. Vamos dar uma segurada até eu me recolocar. Eu tenho uma boa reserva aplicada, mas não pretendo mexer nela por enquanto. "Sim, uma boa reserva aplicada. Ahahahah, só chorando mesmo. Tava tudo em ações, perdi 40% em um mês. Ainda bem que a Maria Rita não sabe dessa história. Ela pensa que eu tenho dólares guardados no banco". Mas agora que eu disse que está tudo sobre controle, ela está mais calma. Pra me ajudar, começou a fazer horas extras e dar aulas noturnas também. Às vezes, volta as duas, três horas da manhã, exausta, mas feliz, com um sorriso nos lábios. E super cheirosa. Ela diz que faz questão de tomar uma bela ducha na academia e chegar em casa cheirosinha. Sabe Regina, acho que tirei a sorte grande com a Maria Rita.

Relatório 14
Cargo: Gerente de Comunicação e Marketing

Resumo da Entrevista

Natural da cidade de Lima, Peru, 45 anos, solteira e sem filhos. Reside sozinha no bairro Sumaré. O pai está aposentado, trabalhava como arquiteto; a mãe como dona de casa. Recebeu educação por fases, tradicional e moderna. O principal que aprendeu foi a ter independência de pensamento e não ser rígida nos seus conceitos, saber mudar de opinião quando necessário. Tem uma relação carinhosa e de confiança com a família. Está namorando, sem planos para casamento.

Relatou não ter problemas de saúde. Pratica esportes, caminhadas e esteira. Como hobbie gosta de cinema, shows, leituras e todos os tipos de eventos culturais.

Acredita que tem como pontos fortes, profissionalmente: organização, criatividade, experiência e versatilidade. Acredita também que precisa aceitar que nem todas as pessoas têm a mesma capacidade de trabalho, a desigualdade é natural.

Relatou não ter restrições cadastrais bem como processos trabalhistas contra antigos empregadores.

Para manter-se atualizada, realiza cursos e leituras.

Definiu o seu estilo de trabalho como sendo: dinâmico, cooperativo e disciplinado.

Tem experiência em planejamento, elaboração de projetos e estratégias de comunicação, relacionamento com agências, administração de recursos/orçamento, avaliação de resultados.

Sempre teve relacionamento com agências, independente de estar numa instituição de gestão cultural ou numa empresa privada de tecnologia. Acredita que não importa se o produto é "evento cultural" ou "software", a gestão de comunicação & marketing segue padrões semelhantes.

Faz parte do seu trabalho, estimar custos de projetos, aprovar orçamentos, administrar recursos e buscar alternativas que caibam dentro das possibilidades do departamento e da empresa.

As avaliações estatísticas fazem parte de todos os processos sérios de gestão. Acredita que sem análise de resultados não é possível projetar ações futuras.

Tem 25 anos de experiência nas áreas de comunicação, marketing e eventos. Em especial com a mídia, porque sempre considerou um bom trabalho de assessoria de imprensa fundamental para o sucesso de qualquer empreendimento.

Numa nova empresa, considera como primeira lição de casa "básica" procurar o máximo de informações sobre quais são os objetivos e missões dessa empresa, e em seguida projetar de que maneira pode contribuir para seu sucesso.

Citou casos recentes de sucesso. Implantou a área de cultura de importante instituto de São Paulo (instituição oficial do governo espanhol presente em vários países), que era absolutamente desconhecido na cidade. Gerenciou em 2007 um grande evento mundial, o Open World Latin America, que teve sua edição bienal em São Paulo.

Sempre trabalhou em equipe. Citou inúmeros casos. Procura dar oportunidade para todos e tenta perceber quais são as características que destacam cada um. As equipes de eventos ou marketing sempre foram enxutas, no máximo 10 pessoas, independente de agências ou outras empresas envolvidas no processo.

Como investimento na sua carreira profissional, realizou uma boa graduação, pós-graduação, dezenas de cursos de extensão, línguas e contato permanente com profissionais da área.

Gostaria de trabalhar em uma empresa que respeite o funcionário, invista no seu desenvolvimento profissional e tenha um claro plano de carreira. Além disso, que ofereça benefícios que deem tranquilidade para que o funcionário possa trabalhar sem insegurança ou insatisfação.

Sua prioridade é ser feliz o máximo de tempo possível, manter uma boa saúde física e mental, fazer o máximo por sua família, conservar com muito carinho seus amigos e sempre ter fé. É comprometida 100% com ela mesma. Confia na sua sensibilidade e no seu instinto para tomar decisões que afetem sua vida, não importa em qual área: pessoal ou profissional. Sua meta é sempre pensar que – apesar dos percalços – conseguirá realizar o que espera.

Sobre sua visão de mundo, citou o poeta John Donne, "Nenhum homem é uma ilha, sozinho em si mesmo". Acredita que deve compartilhar sua vida com o outro e vice-versa. Sem esse compartilhamento, viver em sociedade não faria sentido. Isso para todos os momentos bons e ruins.

Não gosta de fracassar, é claro, mas já aprendeu que muitas vezes o fracasso é uma vitória adiada. Perder hoje pode ser ganhar amanhã. Acredita que tem visão abrangente, porque gosta de pensar de uma maneira onde seja possível integrar tudo & todos. Sobre a sua maturidade emocional, acredita que "está chegando lá", se acha adulta, mas com alguns momentos de Peter Pan. Já enfrentou muita pressão, mas nunca "surtou". Tem um senso claro do que é estar à beira de um stress, e quando se percebe nessa situação, corta o mal pela raiz imediatamente, para seguir de maneira mais equilibrada. Para solucionar problemas, respira fundo, pensa racionalmente nos prós e contras, pensa em possíveis alternativas e avalia qual pode ser a mais viável. Suas principais forças são: ser estoica e não se abalar facilmente diante da adversidade. Sobre seu desempenho sempre faz o máximo que pode.

Divide muito bem seu tempo entre família, amigos e namorado, porque todos são igualmente importantes na sua vida.

Apresenta-se com muita simpatia, bom humor e profissionalismo. Demonstra ser uma peruana/carioca, neta de amazonense, capixaba, espanhol e francês, que vive em São Paulo. Funciona como seus signos astrológicos: a sensibilidade de Peixes (signo solar) e a energia de Áries (seu ascendente), somados ao mix de toda sua ascendência tão complexa. Sendo assim, "funciona como todo o ser humano, com muitas certezas no meio da ERA DA INCERTEZA" (J. K. Galbraith). Demonstra ser muito culta e articulada. Com boa apresentação pessoal e postura profissional. Ótima comunicação oral e escrita.

Suas referências profissionais são excelentes, como pode ser verificado em carta anexa a este relatório.

Seu último salário foi de R$ 8.300,00 + benefícios. No momento, tem um contrato espanhol de 2 anos como consultora de projetos, com salário de R$ 6.500,00 + alguns benefícios, como férias pagas e cursos na Espanha. Não tem horário de trabalho fixo, o que lhe permite certa flexibilidade para outros projetos de pequeno porte. Sua pretensão salarial mínima é de R$ 8.000,00 + benefícios.

Identifica-se com Woody Allen. Desde que assistiu Manhattan, aos 14 anos, decidiu que tanto o senso de humor quanto a visão crítica são sempre necessários na vida, em todos os momentos.

A empresa contratante deve esperar da candidata, no mínimo, 100% de performance. Não importa a empresa, o salário ou a estrutura – se ela aceita o trabalho, sempre faz o melhor que pode. Por isso, também espera a mesma contrapartida.

Não está participando de outros processos seletivos.

Conto

GRILO NA CUCA

Suely Cândido

Absolutamente banal... Mas quem não levaria um baita susto ao encontrar um enorme grilo, ESTANDO COM A CONSCIÊNCIA PESADA?

Ficamos cara a cara, uma situação terrível. Eu, nua, ensaboada e totalmente vulnerável embaixo do chuveiro e ele em cima do sabonete, por sobre a prateleira dos xampus, me olhando desafiadoramente, prontinho pra pular em cima de mim... Ou fazer coisa pior: FALAR COMIGO!

Será?

O maldito tinha antenas que me apontavam fulminantemente; olhos afiados e questionadores; corpinho com um tom de verde profundamente ameaçador; leveza e agilidade suficientes pra pular em mim e acabar com a minha existência moral.

É sério... Foi a minha percepção naquele momento, tamanho o susto.

Tinha tido uma tarde diferente, muito diferente e extremamente excitante, mas acho que fiquei com a consciência pesada ou muito suja mesmo, por isso me acabei fazendo exercícios na academia do clube e depois me joguei no banho. Precisava lavar tudo e esfregar, esfregar, sem deixar qualquer resquício físico daquela tarde maravilhosa. Tudo ficaria apenas na lembrança.

Então apareceu o grilo.

E quem não leu as histórias do grilo falante na infância? Quem nunca pensou no grilo depois de alguma travessura infantil? Logo eu que era do tipo de menina que não realizava travessuras por natureza, mas o tempo passou, o mundo girou... E agora, naquele dia especial, o grilo.

Que cacete!

Eu não sabia se abria a porta do box e saía em disparada pelo vestiário ou se tentava mais uma maldadezinha... Por que não? Por que eu não seria capaz de trucidá-lo naquele momento? Era só um grilo, não é mesmo?

Será?

Mas que puuuuuta coincidência aquele inseto quase falante aparecer naquela tarde...

Já tive anteriormente uma ocasião pavorosa, mas com uma barata. Quase que pior ainda, porque baratas são asquerosas, burras e fogem para o lado errado. Eu estava a trabalho hospedada em um hotel e seria a palestrante em uma conferência anual da empresa. Após o jantar, nua e com o chuveiro ligado, portanto já totalmente molhada, percebi uma barata saindo do ralo. Entrei em pânico!

Nisso ouvi batidas na porta do quarto. Batidas discretas, mas insistentes. Batidas de um tipo bem conhecido: bebi além do necessário, perdi o discernimento e agora eu quero sexo com você sem medir as consequências que serão só suas. Você consegue imaginar esta cena tão comum nas convenções empresariais, certo?

Fiquei mais apavorada ainda porque se saísse pra enxotar (discretamente) o atrevido e deixasse a barata sem matá-la, ela poderia correr para o quarto e eu não conseguiria dormir. No entanto, eu tinha que ir atender a porta antes que isso pudesse causar algum problema com a minha reputação. Sabe como é, né? Convenção anual... Jantar... Bebidas... Muitas bebidas... Muita testosterona acumulada... E eu lá sozinha, meiga e loira dentro de um quarto de hotel. Sozinha não! Eu e a barata, claro.

Eu tinha que ser rápida e hábil.

Deixei a água do chuveiro caindo pra causar certa sensação de controle para a barata. Enrolei-me numa toalha, fui despachar o conquistador inoportuno. Afinal, ele disse que só tinha aparecido ali para pedir um frasco de repelente que, obviamente eu não tinha.

Ordem cumprida. Voltei para a minha missão na terra, ou melhor, no banheiro: eliminar aquele inseto repugnante. Claro que me ocorreu de pedir ajuda ao sujeito que bateu na minha porta, mas quem da empresa (ou no mundo) no dia seguinte acreditaria que numa convenção anual, mais de meia noite, eu estaria de toalha com um homem no meu quarto APENAS matando uma barata? Você acreditaria? Duvido.

Entrei no banheiro, nua e de sapatos (de saltos, mas ainda assim sapatos), com um chinelo feroz nas mãos. Acabei com a vida dela. Pronto!

Mas, e o grilo?

Grilo ou Consciência?

Por que justamente naquele dia? Naquele final de tarde... E que tarde!

Assassina de barata que eu já era, mais um extenso currículo de traquinagens (e que traquinagens!), me perguntei: por que poupar a vida de um grilo estraga-prazeres?

Ele me encarando, jeito desafiador. De repente, a luz se apaga e a água fica fria. Será que estou tendo um pesadelo? Um castigo?

Quase me afogo debaixo do chuveiro de susto e medo.

Nos segundos mais demorados da minha vida, vou apavorada tateando pela porta, encontro o trinco e consigo sair do box. Mas pra onde? Tudo escuro, tropeço no primeiro banco. Grito de dor.

Será que o grilo já me enviou para o purgatório? Purga o quê? Pulga? Mais insetos? Escuridão total.

Desespero.

Levantei, andei, tropecei e bati a perna em outro banco. Comecei a gritar, louca, a implorar pelo perdão pra Deus. Imagine a cena!

A luz voltou no vestiário do clube. As mulheres, que estavam presentes, me olharam estranhamente, surpresas com meu desespero e os tais pedidos de perdão. Mal sabiam elas...

Uma funcionária veio me acudir. Chorei convulsivamente. Apontei para o meu box, falei palavras desconexas sobre o grilo, mas ela não entendeu nada. Desisti de explicar, não fazia sentido mesmo. Pra fazer teria que contar tudo o que tinha acontecido naquela tarde. Só assim faria sentido o grilo e a minha consciência.

Enxuguei-me com as mãos trêmulas. A funcionária do clube me trouxe um copo de água. Devagarzinho fui me controlando e vestindo a roupa.

No verão, nos finais de tarde, a frequência do clube é muito grande, desta forma outras mulheres entraram no vestiário pra tomar banho. Enquanto amarrava o cadarço do tênis, ouvi um grito e uma mulher saiu em disparada do box que eu estava. Chamou a funcionária pra apanhar o grilo.

Bingo!

Caprichei nos laços dos meus tênis, sorri discretamente pra mim mesma e saí do vestiário. Que tarde... E sem mais grilos.

Conto

CONVERSA DE BAR

Djalma Chiaverini Filho, 55, autodidata, é diretor executivo de uma empresa especializada em M&A. É autor de obras paradidáticas como "TC – Treinamentos Corporativos" e "Como realizar vendas de alta complexidade". Tem vários artigos publicados em revistas especializadas em TI e Administração de empresas. Nas horas vagas é também ator profissional e assume vários papéis na vida como palestrante, arquiteto, artista plástico, escultor, pescador, desportista, percussionista, marido, avô, pai, filho, irmão e velho amigo. Ou seja, é um ser humano que, como todos os outros, além do lado "A", tem o lado B, C, D, E, F, G, H...

A vida é um apanhado de poesias sem sentido... Desconexas... É uma tristeza com esperança de felicidade... É uma alegria inacabada... É um amor infinitamente passageiro...
Ela estava assim perdida em pensamentos pretensamente poéticos quando caiu em si depois que alguém mais afoito gargalhou em alto e bom som, fazendo-a despencar de seus pensamentos bem no meio do alarido da festa que rolava no barzinho. Era uma mesa bem grande. Um bando de colegas. Estavam comemorando o aniversário do Walter, marido da sua melhor amiga, a Eulália, que infelizmente não pudera vir, e o da Soninha, que dava aula de história... Tava legal todo mundo se divertindo e saiu todo o tipo de conversa, inclusive sobre relacionamentos, claro.

Ela era uma pessoa muito reservada. Alguns poucos amigos, pouquíssimos mesmo, sabiam das histórias de sua vida... E nenhum deles estava lá. Portanto estava entre aqueles que apenas imaginavam quem ela era. E estavam tão enganados!

Estavam ali, por exemplo, o Eustáquio, o Gugu, a Ana, a Amélia e mais uma pá de gente amiga. Amiga não, conhecida. De fato, nem mesmo conhecida, ela pensava. Será que conheço mesmo essas pessoas? Provavelmente, não. Ela estava navegando por essas conjecturas quando surgiu na mesa o papo sobre o final da novela que acabaria na semana seguinte. Começaram com brincadeiras, piadinhas e críticas sobre as ideias do autor e comentaram sobre o "Cadinho", personagem que tinha três mulheres assumidas. E o papo era o mais senso comum possível! Defendiam a ideia de que as três mulheres não se valorizavam. E por aí ia. Daí um deles soltou a frase: "Isso não é nada! O pior é aquele tipo de mulher que vive vinte, trinta anos, como amante de um cara! Como alguém pode se sujeitar a uma coisa dessas?" Todos concordavam indignados: "É verdade. Isso sim é de uma baixeza sem fim. De dar dó".

Bem, deve ser triste mesmo, pobre mulher! Ria hipocritamente de si mesma e pensava: "Como nós somos cheios de verdades! Rotuladores cruéis! Não temos a mínima ideia do que se passa no universo ali do nosso lado, a outra pessoa!" A impressão que se tinha é que eram todos tão superiores, seletivos, finos e elegantes! Parecia que ninguém ali combinava com a imagem da pessoa de "dar dó"... rsrsrs.

Embora ela soubesse que muita coisa não era como parecia ser. Embora tivesse consciência de que os rótulos não definem realmente as pessoas e que aquele papo não refletia a realidade, sentia vergonha. Era engraçado. Triste. Confuso.

O Walter mesmo! Antes de casar com a Eulália arrastava a maior asa pra ela! Pra ela só não, né?! Pra todas as mulheres! Era mulherengo até hoje! Tanto que quase se separaram quando a esposa soube que ele estava tendo um caso com a estagiária da clinica dentária onde ele trabalhava. E ela só descobriu porque a menina dedurou o safado quando percebeu que ele não queria nada sério.

E o Eustáquio então?! Esse tinha uma tara muito estranha! Ele saía com travestis! E isso ninguém contou pra ela. Ela vira com seus próprios olhos! Numa noite, no caminho de casa, ao passar por uma avenida frequentada por todo tipo de figuras estranhíssimas, incluindo um bando de travestis, na hora de fazer uma conversão à direita, um carro parou bem na esquina para negociar um programa com uma dessas figuras medonhas atrapalhando muito o caminho dela! Quando ela passou bem devagarzinho para poder xingar o impiastro que estava atrapalhando o tráfego, quem era o motorista? O Próprio! Que susto! Quem diria?! O Eustáquio. Todo certinho. Um cara másculo, alto, educado, culto. Como pode?! Inda bem que ela não chegou a esbravejar e o cara nem percebeu que fora desmascarado. Mas tudo bem. Ela não contou pra ninguém no trabalho. Só do trabalho, claro... rsrsrs.

Da Soninha ela não sabia nada, pois era nova na empresa, mas do Gugu, professor de matemática, ela sabia alguma coisa. Sabia por exemplo que ele era músico e tinha até uma banda. Era um cara bacana, divertido e inteligente, mas um dia ela o vira trocar uns papeizinhos com um moleque de cabeça raspada que sempre rondava a faculdade. Ela não sabia se sentia pena ou raiva do cara... Um talento tão promissor se deixando levar por um caminho muitas vezes sem volta... Muito triste...

A Ana e a Amélia estavam planejando morar juntas para diminuir despesas. O marido da Amélia tinha vindo pra São Paulo em função da mudança da empresa. Aí ela passou no concurso e pegou a vaga de professora universitária e vieram todos pra cá. Estava tudo indo às mil maravilhas quando o marido foi mandado embora. Como estava demorando a conseguir recolocação, tiveram que voltar com os filhos para o interior. No entanto, com o marido desempregado ela não estava podendo abrir mão do cargo e viajava 120 quilômetros ida e volta todos os dias. A ideia partiu da Ana, que morava sozinha, mas pelo jeitinho da

Ana e pelos olhares que elas vinham trocando ultimamente... Ela já vira esse filme! Inclusive agora, durante a festa, depois de muitas "rodadas", parece que tá pintando um clima. Sei não! Rsrsrs... Ôôô boca! Vai ver que são somente segredinhos trocados com a "amiga de infância". Mas... Segredos de quem? De uma ou de outra? Ou de ambas?

Com essas lembranças e observações, sem perceber, lá estava ela novamente filosofando: "Quem são essas pessoas de verdade? Quem sou eu afinal? A amante que não é amada? A outra principal? A lutadora conformada? A rainha da atividade passiva? A acompanhante solitária? A própria tristeza com esperança de felicidade... A alegria inacabada... A portadora de um amor infinitamente passageiro... E que amor!!!".

"Ah... Meu amor... Que saudade! Ele é tão lindo! Tão amoroso! Tão quente! Sinto tanta falta!" Pensava. Mas não dava mais para aguentar aquela situação. Era muito bom quando o Décio vinha, mas era horrível quando partia. Ficava infinitamente triste, sentindo-se vazia e solitária.

Quando chegava, muitos dias e horas depois da promessa inicial era uma alegria só! Seu perfume, seus lábios, o calor do seu corpo atravessando o tecido estrategicamente fininho e macio... facinho, facinho de tirar... Era alucinante! Ao final do primeiro longo beijo do tão aguardado reencontro, ela já estava toda molhada... Era inevitável! Ela gozava assim que as mãos dele começavam a percorrer-lhe as costas durante aquele suave, delicado e intenso beijo... Ele beijava com calma. Tão fundo que até sua alma se sentia beijada. Lembra a música...

Dali em diante era só delírio... Só paixão! Ai, ai... Como era bom... Talvez por isso tenha durado tanto... Aliás, dura até hoje! E durará para sempre!

Não! Acabou! Ela tinha que ser dura! Tinha que ser firme! Se ele não se decidisse, não queria mais saber dele! Nunca mais! Era uma situação muito triste...

Ele fora o seu primeiro! Verdade! Depois de 38 anos, quem diria, conheceu de verdade seu "primeiro homem"! Não que nunca tivesse feito sexo antes. Não era isso. É que seus relacionamentos anteriores sempre foram muito confusos, conturbados, incompletos ou no mínimo, estranhos!

O namoro que teve antes de conhecer o Décio, por exemplo, foi uma experiência bem estranha. Quando ela confessou sua virgindade, Miguel travou! Não quis mais. A ideia dela era de avisá-lo apenas para que ele fosse delicado, afinal, era sua primeira vez! Mas não. Ele quase teve um piripaque! Ficou todo confuso, não falando coisa com coisa... Os dois estavam prontinhos para o amor, excitados, com um som super bem escolhido rolando no aparelho que ela havia recém comprado já com segundas intenções para o evento, a garrafa de champanhe que ele trouxera já estava quase no fim e aí...

Mas ela não se deu por vencida! Voltou a provocá-lo e acariciá-lo tentando acalmar a situação e aí ele propôs uma condição para eles continuarem: "Tem que ser por trás! Não quero a responsabilidade de carregar na consciência uma virgindade tão bem guardada por tanto tempo... Não quero e pronto!".

Foi aviltante. Degradante. Não foi o que ela sonhara. Por que Miguel não queria tirar sua virgindade? Por que, depois de tanto tempo de namoro, "não queria a responsabilidade"? Como assim? Foi uma mistura de desencanto, desalento e desejo. Ela queria! Queria muito fazer sexo, se aproximar mais dele e, em hipótese alguma perdê-lo. Então cedeu... Foi desconfortável, dolorido, mas valeu! Era sexo, afinal! E isso durou bastante tempo, até que ela descobriu, no dia da morte de seu avô, quando mais precisava de um ombro amigo, que ele estava de casamento marcado. Que merda! Se ela não tivesse exigido explicações do porque não viera ao velório, ele talvez continuasse enrolando por mais um tempão!

Desgraçado! Só queria, literalmente, abusar dela! Cada vez que pensava nele a praga vinha a cavalo: Quero que ele se foda! Que seja muuuito infeliz nesse casamento. Safado!

Com o Décio foi diferente! Já no terceiro encontro eles foram para a cama. Foi tudo muito intenso! Muito rápido! Correu tudo bem e tudo aconteceu como ela sonhara. Você acha que uma "virgem experiente" como ela iria dar a mesma bandeira duas vezes? Não! Ela ficou quietinha e só disse pra ele ir com calma e ser delicado, por que "fazia muito tempo que ela não transava"! He, He... Dá que esse também travasse... Alguns intensos encontros depois, quando se sentiu mais segura, ela confessou o acontecimento: "Sabe aquele dia, em nossa primeira vez, quando você me disse que achava que eu havia menstruado? Então, foi minha virgindade!".

Ele arregalou os olhos e deixou o queixo cair de propósito, sorrindo sem querer acreditar. Ela jurou e, por se sentir já bastante segura com ele, confessou sua desastrada história anterior. Eles riram muito da situação e ele lamentou que ela não o houvesse avisado. Ele teria lidado com a situação de modo bem diferente aceitando a oferenda com muita honra! Eles voltaram a fazer amor e ela sentiu tudo como se fosse sua primeira vez, pois ele foi muito mais carinhoso, beijando-a toda, dos pés à cabeça! E quando ele se deteve naquele certo ponto, sabendo exatamente como fazer para levá-la ao delírio com aquela linguinha ágil, ela se derreteu toda e gozou muuuuito... Até que seus braços ficaram moles, sem forças e como ela jamais sentira sensação igual, suspirou: "Chega! Não aguento mais." Mas ele, malvado, disse: "Desculpe, mas agora é a minha vez!".

Ela sempre lembrava essa passagem de sua vida. Da esperança de ter finalmente encontrado o seu grande amor. De ter descoberto como era amar e ser amada.

Mas o Décio era um homem enigmático e misterioso...

Ela o conhecera da forma mais estapafúrdia possível. Quando se desencantou com o Miguel, decidiu "dar pro primeiro que encontrasse na rua" só para se vingar. Saiu na rua e o primeiro era um desses trabalhadores da construção civil. Não, esse não. For correr na pista de Cooper da avenida que passava em frente sua casa imaginando que talvez encontrasse alguém mais atraente. Mas só cruzou com um bando de homens barrigudos que faziam caminhada na tentativa de emagrecer.

Mas não desistiu! Entrou para um desses sites de relacionamento onde as pessoas buscam perfis que lhe interessem. E ali encontrou o Décio.

Depois de muitos e-mails, telefonemas, encontros em lugares públicos, buquês de rosas, foi com ele, finalmente, que aprendeu as lições mais gostosas da sua vida. As delícias do sexo, a teimosia da paixão, a irreverência do amor, a frustração de não ter o que se quer... E acreditava que todas essas lições eram valiosas, pois a vida traça seus caminhos, independente dos planos e promessas. Então deixou correr pensando que o melhor dos sonhos é que eles não têm amarras. Eles são o que são. Não ofendem ninguém e alimentam a alma!

Mas o tempo foi passando. Ela foi ficando cada vez mais triste. Contrariada. Confusa. Perdida... Cansada daquela "fidelidade" irracional. Ele se dizia livre e que assim queria se manter. Dizia ter uma porção de "namoradas", mas nada sério com ninguém. Ela não tinha como cobrar, afinal de contas ele nunca pedira nada. E até isso a entristecia. Ela não entendia nada da relação dele com o mundo, não só com ela, mas com todos. A relação dele com o trabalho. Com a suas ex-mulheres. Com os filhos. Os pais. Ele lhe parecia muito desajustado. Queria ampará-lo e acalentá-lo. Ele se dizia triste, desanimado com a vida e inseguro. Não entendia porque ele se mantinha naquela "vida paradoxal" de infelicidades mútuas. A impressão que ela tinha era que todos que estavam à sua volta e se envolviam com ele o amavam, mas ele não se entregava, não abria seu coração a ninguém.

Nem a ela. Os encontros foram se espaçando. Só a cada dois meses é que batia o desejo nele.

E os sentimentos dela? A saudade. E aquelas emoções todas? Era muito triste gostar de alguém que não podia ter por inteiro.

Esse martírio já durava mais de dez anos e ali, na mesa do bar, ela se via rotulada por pessoas quase desconhecidas como "o pior tipo de mulher, a que vive anos como amante de um cara! Como alguém pode se sujeitar a uma coisa dessas?", perguntavam.

"Simples" pensava. "Amando!"

Relatório 15
Cargo: **Supervisor Administrativo de Vendas**

Resumo da Entrevista

Natural de São Paulo, capital, 42 anos, solteiro, sem filhos. Reside em imóvel próprio, com um amigo, no bairro Consolação. Recebeu educação tradicional, em que os principais valores foram: respeito, dignidade e carinho. Teve uma infância tumultuada e sofrida, foi adotado pelos avós. Isso lhe possibilitou amadurecer muito cedo e aprender a lutar pelos seus interesses/objetivos.

Relatou não ter problemas de saúde. Fuma. Pratica esportes, musculação e corrida. Para se divertir, gosta de música, cinema, teatro e viagens.

Sua vida pessoal está tranquila.

Para o futuro deseja voltar a estudar.

Acredita que tem como pontos fortes, profissionalmente: lealdade, comprometimento, gosto por desafios e facilidade na convivência. Tem consciência de que é agitado e explosivo, porém está desenvolvendo autocontrole.

Para manter-se atualizado, lê jornais, revistas e internet.

Define o seu estilo de trabalho como sendo participativo e atuante.

Espera da empresa contratante reconhecimento pelo trabalho que desenvolve. Não suporta humilhação e falta de educação no ambiente de trabalho, reage com rispidez.

É motivado pelo processo, resultado e fundamentalmente pelo sucesso. Motiva a equipe conversando e ouvindo. Definiu seu estilo de liderança como sendo participativo.

Está comprometido principalmente com a empresa e com seu trabalho.

Apresenta-se com muita educação e profissionalismo. Boa apresentação pessoal e postura profissional. Boa comunicação oral e escrita. Demonstra ser centrado, esperto, rápido na tomada de decisões, audacioso, persistente, automotivado, impositivo, de personalidade forte, duro, mas sem faltar com o respeito, extrovertido, corajoso, detalhista, sociável, responsável, dinâmico e pró-ativo. Demonstra ser autêntico, muito sincero e corajoso ao expor os seus problemas, inclusive os profissionais (de relacionamento com chefias anteriores). Não é de se submeter, defende os seus pontos de vista com argumentação consistente. Não é "encrenqueiro", é um resolvedor de problemas, "doa a quem doer".

Seu último salário foi de R$ 5.335,00 + benefícios. Sua pretensão salarial inicial é de R$ 5.335,00 + benefícios.

Relatou ter restrições cadastrais (SPC/SERASA), porém sem processos trabalhistas contra antigos empregadores.

Está participando de outros processos seletivos.

Conto

YESSSSS... ESSA VAGA SERÁ MINHA!

Paulo Sigaud é paulistano, advogado com especialização em Direito Tributário e sócio fundador de escritório de advocacia com atuação abrangente. Sigaud como é carinhosamente chamado pelas pessoas mais próximas, carrega consigo o gosto pelas diferentes manifestações artísticas, com especial interesse pela literatura, onde deu seus primeiros passos escrevendo contos infantis. Agora, trilhando por caminhos mais contemporâneos, explora o humor em seus textos sempre de olho na excentricidade da gente paulistana. A urbanidade e as armadilhas invisíveis desta megalópole influenciam sua escrita, o seu modo de pensar e o de conviver com a pauliceia desvairada.

Quando o rádio relógio tocou às sete e trinta da manhã daquela segunda feira, eu já sabia, aquela vaga de supervisor de vendas de um grande magazine de roupas seria minha!

Tudo conspirava a favor da minha intuição. A música do George Michael de que eu mais gosto tocou logo pela manhã me despertando. Eu ainda de pijama, sob os lençóis ainda lisos, pois João Marcos – que dividia o apartamento comigo e com minha avó – havia passado com ferro bem quente não só a roupa de cama como também o meu pijama de malha com estampas de caravelas lançadas ao mar.

Fui tomar banho. Quando espalhava o creme de barbear sobre o meu rosto, fiquei pensando: "nada pode me atrapalhar hoje, nem mesmo um pequeno corte produzido pelo aparelho de barbear seria permitido". Passei então a me barbear com mais cuidado, deslizando suavemente as lâminas do aparelho sobre o meu rosto liso, ainda incólume de acnes. Também pudera, pois eu fazia tratamento de pele havia seis anos, passando cremes preparados de maneira caseira pela minha avó Ernestina.

Parado diante do espelho observava atentamente cada detalhe do meu rosto e do meu cabelo, fiquei refletindo que, se dependesse de boa aparência, principalmente de bons dentes e de um sorriso sedutor, aquela vaga já teria um dono: eu, Jorge Henrique de Vasconcellos, com dois eles.

Passei para o banho. Usei uma esponja bem macia que João Marcos havia comprado para espalhar o sabonete que ganhei num sorteio do salão de beleza em que costumo cortar meu cabelo e minhas unhas. Este salão, do qual sou cliente há mais de três anos, tem um nome sugestivo: Hair's Power. Lembrei o nome do salão para ganhar mais força e mais motivação para encarar a minha entrevista com a Dona Abigail Flores, proprietária de uma empresa de headhunters nos Jardins.

Neste dia, a fofa da minha avó havia separado a toalha branca bem felpuda com as minhas iniciais gravadas em azul. A toalha com o monograma foi presente de aniversário.

Lá estava eu, me sentindo o mais cheiroso dos homens, impregnado com o frescor da manhã no corpo e nos cabelos sedosos, pensando na roupa que eu teria que usar naquele dia decisivo para minha vida. O que eu mais pensava era naquela vaga e no que um novo e bom emprego poderia proporcionar, não somente a mim como também a João Marcos.

Não tinha jeito. Aquele terno azul, comprado na Colombo, me trazia boas recordações. Com ele, eu conquistara o meu atual emprego, o de supervisor de vendas de uma loja de materiais elétricos. O meu sapato preto já estava devidamente engraxado, reluzindo minha imponente estampa de um executivo de vendas bem-sucedido, pronto para encarar um novo desafio profissional.

Faltava passar um perfume marcante. Passei a mão no meu Boticário Malbec e despejei uma quantidade suficiente daquele precioso líquido sobre o meu rosto, orelhas, pulso e peito; afinal de contas, eu precisava impressionar a Dona Abigail.

Tomei meu café da manhã, o meu desjejum, como sempre dizia a minha avó. Nada muito pesado, pois estava de dieta. Tomei um suco de laranja espremido na hora por João Marcos, torradas com geleia de framboesa (adoro essa fruta!) e um cachinho de uvas embebidas em mel.

Tomei um taxi até a Rua Bela Cintra e pedi para o motorista ligar o ar condicionado, pois, embora não estivesse calor, queria manter aquele ar de frescor da manhã intacto. Uma vez ligado o ar condicionado, o motorista espirrou por três vezes, com os vidros fechados.

Achei que tivesse exagerado na dose do perfume, mas o que eu queria mesmo era impressionar e mostrar o meu perfil de força e determinação. O motorista continuou a espirrar, quando então perguntou se poderia abrir um pouco a janela para respirar, pois sofria de rinite alérgica. Mesmo contrariado, permiti que ele abrisse a janela do seu lado.

Durante o trajeto até a empresa da Dona Abigail, refleti sobre as tristezas, as alegrias e demais eventos que haviam marcado a minha vida. Pensei nos meus pais que morreram quando eu tinha dois anos de idade. Pensei também na minha querida avó que me acolhera e que tanto carinho e proteção (super) me proporcionara até então. Pensei no meu inseparável cãozinho da raça York Shire, meu amiguinho Pudim, e da saudade que deixou.

Puxa vida, tanta coisa havia acontecido comigo durante os 38 anos da minha existência... Pensei no quanto sofri com os meus colegas de ginásio, de colegial, que levantavam dúvidas quanto à minha masculinidade, justamente pelo fato de ser criado pela minha avó, cercado de atenção e de mimos. Eu sempre reagia a tais provocações, dizendo que eles eram infelizes, pois não tiveram a sorte de ter uma pessoa tão especial por perto. Comecei a chorar. Peguei um lenço no meu bolso do paletó e, juntamente com o lenço, vi que João Marcos havia escrito uma mensagem de carinho e de motivação para mim:

"Jojô (meu apelido), que Deus te ajude e te faça abraçar esta oportunidade. Do sempre seu, Joma (apelido de João Marcos)".

Aquilo me reconfortou, mas, mesmo assim, continuei pensando nos meus algozes e na crueldade com que me tratavam na escola, ora zombando das minhas roupas bem passadas e alinhadas, ora dos meus impecáveis cadernos encapados pela Vó Neta.

Continuei a chorar, arrancando do fundo da minha alma um sentimento misturado por rancor e ódio, tamanho o preconceito com que eu havia sido tratado na vida inteira por aqueles delinquentes.

Olhei pela janela e percebi que estava próximo da Bela Cintra, mas continuava a pensar naqueles facínoras que tanto me causaram dor na alma. Pensei nos xingamentos, principalmente daquele termo pejorativo com que os preconceituosos se referem àqueles que sentem atração por pessoas do mesmo sexo. O termo chulo "veado" ainda me incomodava, mesmo depois de tantos anos e mesmo sabendo que eu sentia atração por mulheres, ainda que nunca tivesse namorado uma garota.

Foi quando, ao perguntar se o motorista havia melhorado da sua crise alérgica, havíamos chegado à frente do prédio da Dona Abigail, que o motorista me olhou com um ar cínico e disse em alto e bom tom, apontando com o olhar para a rua:

"Estou melhor sim. Sinto-me bem melhor e bem mais ALIVIADO".

Angustiado por conta dos meus traumas de infância, tive a certeza naquele momento que eu estava sendo vítima de novo xingamento e preconceito. Não tive dúvida e desferi um direto de direita no queixo daquele motorista mal educado e que certamente estava zombando de mim. Ele reagiu. Passamos a nos atracar e trocar socos dentro do carro. Meu nariz começou a sangrar, manchando minha camisa branca de linho, especialmente passada por João Marcos. O meu terno azul ficou todo amarrotado. De príncipe passei a plebeu amassado e sujo.

Pensei em chamar a polícia para relatar o ocorrido, mas estava atrasado e ansioso para encarar a entrevista com a Dona Abigail, pois aquela vaga tinha que ser minha!

Respirei fundo, pensei em passar pelo lavabo para lavar meu rosto e limpar minha camisa. Não dava mais tempo. Tratei de abotoar o meu paletó e limpar o meu nariz com o lenço da Vó Neta. Pedi então para ser anunciado na recepção da empresa. Fui levado por uma gentil secretária até a sala da Dona Abigail.

Fiquei esperando e comecei a olhar ao redor da sala. Tantos porta-retratos espalhados pela sala e todos exibindo fotos de cachorros e gatos. A Dona Abigail, pelo jeito, adorava animais. Bingo! Este era o mote que eu precisava para quebrar o gelo e descontrair o ambiente. Falar da minha admiração por cães e gatos.

A minha autoconfiança havia voltado! O meu semblante mudara. Passei a confiar cada vez mais na minha capacidade de liderança, de persuasão. O executivo de vendas de sucesso estava lá! Aquele era o Jorge Henrique de Vasconcellos, com dois eles!

Comecei a ouvir passos e uma troca de palavras entre a gentil secretária e uma mulher mais velha. Presumi que fosse a Dona Abigail quando então ouvi claramente a mulher mais velha perguntar aos risos para a afável secretária:

"Então a bichana está suja e sangrando?"

Não esperei a porta abrir. Voei pelos corredores para tirar satisfação com aquela mulher preconceituosa.

Aos berros, fitando aqueles olhos envoltos por rugas, ela certamente não passava cremes para evitar marcas de expressão, perguntei:

"Qual é o problema com a senhora? Quem é a bicha aqui? Quem está suja e sangrando?"

A mulher de mais idade me olhou com espanto e respondeu:

"Sou Abigail e estava comentando com a minha secretária Cilene que a minha cadela Tuca, da raça labrador, estava menstruada e suja de barro, pois passamos o final de semana na minha casa de campo em Atibaia".

A tragédia estava anunciada. Sem perder tempo, soltei um sorriso amarelo e perguntei em qual pet shop costumava levar a cadela para tomar banho. A enfurecida Dona Abigail respondeu prontamente:

"Naquele mesmo lugar do qual o senhor não deveria ter saído jamais"

Fui posto dali pra fora por um enorme segurança, com a promessa de que eu não arrumaria mais nenhum emprego na vida.

Derrotado, humilhado e fustigado pela minha própria decepção, ao chegar a minha casa, contei tudo para João Marcos.

Ele, na honrosa tentativa de me trazer conforto e apoio, disse que o meu problema só persistia porque eu insistia em carregar comigo os traumas da infância. E me perguntou por que eu não havia batido naqueles meninos que me chamavam de fresco. Limpando as lágrimas que vertiam dos meus olhos, e soluçando com a cabeça sobre o colo de João Marcos, respondi:

"Ficava com pena deles, Joma. Eles eram tão lindinhos"...

RELATÓRIO 16
Cargo: **Secretária Executiva Bilíngue**

Resumo da Entrevista

Natural de São Paulo, 44 anos, solteira e sem filhos. Reside com os pais, no bairro Casa Verde. Recebeu educação tradicional (católica) em que os principais valores foram: família, trabalho e honestidade. Os pais estão aposentados. Ambos trabalhavam como Comerciantes. Definiu a família como sendo conservadora e unida. Afirmou ter uma relação próxima e boa com a família.

Relatou não ter problemas de saúde, a não ser obesidade. Gostaria de realizar cirurgia, consultou vários médicos, mas ainda não conseguiu ter coragem. Faz terapia há um ano e meio, pois em 2006 esteve com forte tensão emocional em virtude do trabalho. Assessorava sete diretores e a empresa passava por muitas mudanças.

Relatou também ter tido um episódio de depressão reativa, em função da sua frustração por não ter podido passar um ano na Alemanha como planejara. Teve que ficar apenas um mês. Não fuma. Gosta de caminhar. Para se divertir, realiza programas em família.

Acredita que tem como pontos fortes, profissionalmente: gosto por aprender novas tarefas, lealdade, é pró-ativa, organizada e ética. Gostaria de se desenvolver mais em informática. Atualmente é usuária apenas do pacote Office e internet.

Relatou não ter restrições cadastrais nem processos trabalhistas contra antigos empregadores.

Para manter-se atualizada, consulta a internet, lê jornais, revistas, livros e realiza cursos breves.

Define o seu estilo de trabalho como sendo dinâmico. Costuma trabalhar bem sobre pressão.

Sua vida pessoal está boa, porém o trabalho lhe faz muita falta. Não namora.

Percebe-se como uma "possibilidade válida", culta, experiente e devotada. Acredita que precisa investir na sua saúde física, tratando da obesidade.

Para o futuro pretende retornar ao mercado de trabalho para continuar "vivendo com dignidade, honrando seus compromissos e oferecendo apoio para a sua família".

Apresenta-se com educação e muita simpatia. Boa apresentação pessoal e postura profissional. Demonstra ser muito comprometida com o trabalho, alegre, sensível, expansiva, dinâmica e responsável. Boa comunicação oral e escrita.

Em ambientes formais diz ser como um "camaleão", pois se adapta e sabe trabalhar com discrição e seriedade.

Seu último salário foi de R$ 3.000,00 + benefícios. Sua pretensão salarial é de R$ 3.000,00 + benefícios.

Conto

A SECRETÁRIA

Bárbara Leon é o seu pseudônimo. Vive entre os sonhos das mulheres e a fantasia dos homens. É bailarina e coreógrafa, estudou na Escola de Belas Artes. Suas manifestações artísticas sempre privilegiam o lúdico e o belo. E a resposta aos convites para apresentações e exposições é sempre a mesma: sim! O convite de Suely Cândido para escrever um conto possibilitou sua primeira incursão no mundo das letras. Adorou!

Chovia e eu me dirigia para mais uma entrevista de emprego naquele mês.

Quando Alice me telefonou, senti que essa poderia ser a oportunidade que estou esperando há tanto tempo. Ela foi muito simpática ao telefone. Penso que desta vez não será tão constrangedor.

Eu estava bonita, perfumada, maquiada, pena que a saia me incomodava um pouco. Ligeiramente apertada...

Peguei o carro e percebi que enfrentaria um trânsito terrível.

Logo lembrei minha mãe dizendo: – ó, menina, por que vai sem sequer tomar café? Onde já se viu isso? Sorri sozinha...

Logo mais adiante pude constatar que minha previsão estava correta. Há mais de 20 minutos não andara mais que 100 metros; a Marginal estava congestionada.

Meia hora depois, já exausta daquela vagarosidade, entrei na primeira à direita, e zupt! Voltei pra comer o bolo de chocolate que deixei sobre a mesa...

Às favas a tal da simpática Alice!

Poderia ficar horas me deleitando com o prazer de comer bolo de chocolate.

Olhei para fora e vi que parara de chover. Mas meu sentimento parecia nublado. Investira tanta expectativa naquele convite de Alice. Decidi telefonar e remarcar.

Sempre consegui conciliar prazer com obrigação e dessa vez não seria diferente.

– Desculpe, surgiu um imprevisto de última hora. Dr. Gustavo, para quem ainda presto alguns serviços eventuais, me telefonou ontem à noite, solicitando um trabalho para hoje cedo. Podemos remarcar?

E lá estava eu, novamente me preparando para encontrar Alice.

Como será Alice? Seja como for, conseguiu me desequilibrar, me deixar meio insegura e, ao mesmo tempo, empolgada. Excitada?

Não sei definir muito bem esse misto de emoções, com todas essas possibilidades. Sei apenas que os recrutadores, e pior se forem psicólogos, têm o dom de me deixar pouco à vontade. Ao mesmo tempo me desafiam. Acho que estudaram para isso. Sempre perfeitos, mostrando uma capacidade de dominar e controlar tudo a sua volta; tudo e todos. Tolice, Alice. A minha vida quem controla sou eu!

Vesti minha melhor roupa. Meu vestido azul que favorecia todas as minhas curvas. Além do que, decotado, é claro. Saí com tempo para enfrentar o trânsito. De que adiantaria todo discurso sobre comprometimento e dedicação se chegasse atrasada?

Comecei a imaginar o que ela me perguntaria. Já lera todo tipo de artigo sobre como se comportar numa entrevista de emprego. Certamente me perguntaria sobre minha vida pessoal.

– Você nunca se casou?

– Não.

O que mais poderia responder sobre isso?

– Ora, cara Alice, depois que conheci Dr. Alfredo, ninguém mais me interessou.

Lembrei que ela me adiantara que a vaga era numa consultoria de marketing. Ah... Vislumbrei homens criativos, sensualmente despenteados e descuidadamente atraentes.

As últimas vezes foram um fracasso. Dr. António era idoso, avô de adolescentes. Dr. Gustavo era lindo, mas gay. Mas com Alice senti que poderia ser diferente.

Logo me estruturei para responder sobre as curtas passagens pelas duas últimas empresas.

– Tive uma ligeira depressão. Na ocasião, desejava emagrecer. Não fui bem sucedida e tive dificuldades em lidar com isso. Hoje sei que farei uma cirurgia quando me decidir.

O que não posso dizer é sobre a dificuldade de abandonar estes quilos que me proporcionaram tanto prazer. De qualquer maneira, respondo pelo preconceito que circunda os gordinhos. Obesos, que nome abominável. Fico cantarolando: esses magros, pobres magros, ah se soubessem o que eu sei...

Pontualmente cheguei ao edifício. Aproveitei o elevador espelhado para retocar o batom. Ao chegar à consultoria, que surpresa!

Linda! Alice era linda!

Eu já pressentira. Finalmente encontraria meu novo amor...

Conto

CONTO DA ESTRADA

Paulo Vasco é engenheiro formado pela UERJ (Universidade do Estado do Rio de Janeiro) e autor de "Vendemos Gasolina", que conta aventuras do mercado de petróleo e postos de serviços. Foi executivo em grandes companhias do segmento de petróleo e realiza palestras técnicas e motivacionais. Com o convite de escrever um conto com a vida secreta dos profissionais, usou toda a sua imaginação para retratar experiências amorosas do mercado de trabalho, "afinal, somos todos humanos." Os nomes são fictícios e alguns homenageiam executivos que fizeram parte da sua vida. Conversa pelo e-mail: mavelar@visualmail.com.br

Era outono, mas ainda estava quente e seco.

Reunião importante em Santos, litoral paulista. O cliente era daqueles que precisa se sentir prestigiado, com algum poder em sua comunidade e liderança.

Como havia possibilidade, Carlo resolveu convidar sua secretária para acompanhá-lo, sob a desculpa de levar uma profissional da área para a reunião.

Marcaram almoço, era meio de semana.

Na noite anterior foi difícil dormir. Carlo não sabe se sonhou ou apenas imaginou um monte de possibilidades de namorar Suzana durante aquele dia.

Passou para pegá-la no meio da manhã. Carro no portão, falam por celular, e quando o portão se abre, ela vem com todo aquele charme que lhe é característico. Sorriso nos lábios, olhos querendo dizer coisas. Um vestido bem leve. Bom dia formal, afinal porteiros são sempre faladores por natureza. Seguem seu caminho.

No primeiro minuto, Carlo olha as coxas da moça e imagina que as coisas poderiam ir para um caminho melhor do que o imaginado.

Logo em seguida, outro olhar. A moça pergunta se ele gosta das suas coxas. Bastou isso para seu volume aparecer sob as calças. Resposta mais que positiva, e a bela Suzana avisa que, se ele se comportasse, teria um prêmio naquele dia.

No caminho, as conversas vão desde o profissional, a família, amenidades até aquela gostosa sacanagem e, cada vez que falavam algo mais picante, ficavam excitados e melados.

Almoço com o cliente num restaurante na beira da praia. Por debaixo da mesa, os pés se encontravam se acariciando. Ela tirou a sandália e passou em seu colo para ver se ele estava com seu membro duro. Ele estava sentado com o corpo bem próximo à mesa para que seu cliente não percebesse a movimentação. Com discrição se roçavam.

Fim do almoço. Preparam-se para retornar. Um sol bem bonito na cidade. Ela vai ao banheiro e volta à mesa com cara de safada.

Despendem-se do ilustre cliente e entram no carro. Assim que o motor ronca, ela pega a calcinha que estava molhada e lhe dá de presente, afirmando que era para ele não se esquecer daquele dia. Sugere também que voltem a São Paulo pegando a balsa e voltando pelo Guarujá; e é o que fazem.

A cada oportunidade, na balsa, nas avenidas e ruas, ele alisava o sexo dela e ela, que abrira o zíper da calça dele, também retribuía o carinho. Pararam em um bar na beira da praia para uma bebida, e sempre que possível um acariciava o outro. Foram a um centro comercial e compraram roupas para praia e toalhas. Já era fim do dia e começava a anoitecer. Pararam o carro em local deserto da praia. Dia de meio de semana, pouca gente... Entraram no mar. Bastou o nível da água ficar aceitável que o casal se abraçou e se beijou. Imediatamente ficaram excitados e Carlo penetrou Suzana. Ela sentada em seu colo e eles aproveitando as ondas para se movimentarem. Gozaram.

Secaram-se e começaram a subida da serra. Nas curvas da estrada de Santos riram e se excitaram com a aventura realizada. Beijaram e se tocaram várias vezes durante o percurso.

Chegando à cidade, resolveram parar em um flat para namorar, pois não aguentavam mais tanto desejo. No quarto do flat foram tomar um banho juntos. Sabonete vem, sabonete vai, começam tudo de novo. Beijos, abraços, carinhos e ambos melados de tesão. Ela apoia as mãos na parede, de costas para ele. Ele beija a nuca e aperta os seios dela. Seu membro duro já estava praticamente encaixado no meio das coxas dela que, não aguentando mais, implora a ele: – Me come logo senão vou morrer!

Ele coloca seu membro nela bem devagarzinho e ela abaixa a bundinha para que ele penetre-a toda. Ela solta um gritinho e ambos começam um vai e vem gostoso. O suor escorrendo nos corpos e eles se amando. Ficam no vai e vem muito tempo. Ambos já estavam com as pernas bambas e começam a falar bobagens um para o outro do tipo: – Você é muito gostosa! – Adoro esse seu pau me comendo! – Engole tudo, meu tesão! – Come minha boceta! Gozam praticamente juntos.

Deitados na cama exaustos se assustam com as horas. Ela nervosa tem que voltar rápido. Ele preocupado com que desculpa vai dar. Rapidamente se compõem e se vão. Sempre pensando quando será a próxima aventura.

Relatório 16
Cargo: **Gestor de Recursos Humanos**

Resumo da Entrevista

Natural de São Paulo, capital, 45 anos, casada há 10 anos, sem filhos. O marido trabalha como Supervisor de Logística numa empresa top do varejo. Reside no bairro Vila Guarany, na zona sul. Recebeu educação tradicional em que os principais valores foram: valorizar a cultura e os estudos, além da honestidade. O pai trabalhava como encarregado de contas a pagar (falecido); a mãe como dona de casa (falecida há 24 anos). Definiu a família como sendo de retidão e uma "fortaleza". Com boa relação familiar.

Relatou ter problemas de saúde: tem pressão alta, porém está sobre controle, trata com medicamentos. Não pratica esporte, mas gosta muito de fazer caminhadas. Para se divertir gosta de dançar (frequenta salões de dança) e viajar.

Acredita que tem como pontos fortes, profissionalmente: ótimo relacionamento interpessoal, gostar de pessoas e acreditar no potencial humano. Acredita também que é bastante cautelosa e que precisa se expor mais.

Relatou não ter restrições cadastrais nem processos trabalhistas contra antigos empregadores.

Define o seu estilo de trabalho como participativo. Para se manter informada, investe em autodesenvolvimento e estuda bastante. Acredita que, atualmente, a principal característica do RH é ser uma área tão estratégica de uma organização como Negócios, Finanças, Marketing, Vendas, etc. Acredita em RH que conhece amplamente a missão, a visão, os valores e, principalmente, a estratégia da empresa, a fim de que todas as suas atribuições estejam focadas na busca de resultados através da valorização do seu capital humano. A principal atribuição do Gerente de RH e sua equipe, a seu ver, é auxiliar os gestores de pessoas (qualquer um que esteja numa posição de liderança) a cumprir seu papel de desenvolver pessoas, reconhecer talentos, aprimorar aprendizados, corrigir posturas que não contribuem para o sucesso da organização e não condizem com seus valores etc., ou seja, estimular e orientar os gestores, através do fornecimento de ferramentas, comportamentos, atitudes e métodos, a serem seus próprios RH´s. Isso tudo através da implantação de uma cultura de aprendizado contínuo, estimulo à criatividade, inovação e todas as demais competências relacionadas ao negócio.

Atuou na formação de um time de RH, cuja missão, desenhada e validada pelo próprio time, era o desenvolvimento de pessoas em todos os processos de RH: R&S, T&D e Remuneração. A partir daí passou para o processo de desenvolvimento para implantar a gestão por competências, criar planos de desenvolvimento gerencial, individual e grupal e desenvolvimento de equipes de alta performance. O resultado deste programa foi identificado através de colaboradores motivados e resultados concretos expressos no lucro da empresa.

Os trabalhos de Coaching, Mentoring e Counseling vêm ao encontro da necessidade de trabalhar os transtornos do cotidiano que afetam os colaboradores e equipes. Sejam conflitos pessoais, ocorrências traumáticas ou mesmo o estresse e a angústia causados pelo próprio ambiente ou tipo de trabalho, afetando consequentemente o universo organizacional. Este trabalho resulta em melhoria da qualidade de vida do indivíduo; melhoria no clima e ambiente de trabalho, melhoria no desempenho profissional e organizacional e diminuição dos custos em geral com a saúde física, emocional e mental dos colaboradores.

Acredita que o que existe de mais moderno em um RH é a visão de que RH está com os dias contados. No passado passamos de Departamento Pessoal para Recursos Humanos. Hoje existe um movimento claro da transição de RH para área de Coaching. O RH que atua como Coach dos Coaches é o que existe de mais moderno a seu ver.

Teve uma experiência com uma equipe comercial que não reconhecia a própria identidade por ter passado por diversas alterações de Gerência. O trabalho de team building trouxe um acréscimo substancial no volume de vendas e resultado desta área.

Suas principais ações de sucesso: programa de desenvolvimento gerencial através do mapeamento e desenvolvimento de competências em grande empresa da área financeira, programa com gerentes e recém-demitidos para prevenir o trauma causado pela demissão mal feita, desenvolvimento da Equipe de RH como coach, assessment e coaching individual para profissionais de diversos níveis e áreas (pessoa física), desenvolvimento de workshops para profissionais em transição de carreira.

Citou que o trabalho realizado para integração e desenvolvimento das áreas de T&D, R&S e Remuneração foi feito através de metodologia que facilita a construção de equipes de alta performance, estimulando o processo contínuo de autoconhecimento, autodesenvolvimento e desenvolvimento profissional. Atuou como gerente coach desta equipe. Atualmente, os profissionais que passaram por este trabalho atuam em posições de destaque em grandes e importantes empresas.

Quer trabalhar em uma empresa que tenha absoluta certeza que seu sucesso tem como base o capital humano. Uma empresa que acredite que todos os seres humanos se desenvolvem e que cabe à empresa estimular (e não motivar, "isto não existe") o autodesenvolvimento para colher, como fruto, seu destaque no mercado em que atua, através do talento bem aproveitado de cada colaborador. Cabe também à empresa ser clara, honesta e respeitosa, desligando do time aqueles que não fazem parte do mesmo, sempre (e mais uma vez) de forma a expressar a certeza no potencial de cada um. Para a candidata isso é essencial!

Tem como plano profissional auxiliar na realização do sonho de uma empresa de sucesso! Seu objetivo é utilizar toda sua experiência, maturidade e conhecimento adquiridos ao longo da sua vida profissional (em Controladoria e em Recursos Humanos) numa empresa cujos valores sejam os seus valores. Sua prioridade é continuar investindo no seu autodesenvolvimento, pois acredita que é esta ferramenta que permite que continue trabalhando como gestora de pessoas e profissional de desenvolvimento humano.

Está comprometida com a construção de um mundo melhor da forma mais prática e viável possível, através do autodesenvolvimento, do auxílio no desenvolvimento e valorização do ser humano, das corretas relações humanas, do reconhecimento da força de uma equipe.

Sua orientação motivacional é a fé na vida. "A certeza de que nossos sofrimentos e alegrias contribuem para o desenvolvimento. Tranquilidade que vem do aprendizado, da maturidade." Quer que a humanidade lembre-se dela como alguém que acreditou e comprovou a existência de sabedoria dentro do ser humano. O mundo é uma escola e a vida um verdadeiro presente, uma real possibilidade de evolução.

Aprende com o fracasso. Não fica se perguntando o "por quê?", pois isso encarcera. Pergunta-se "para quê?" passou por este ou aquele fracasso. O "para quê?" liberta, expande a percepção do momento, da situação, dela mesma.

Tem uma visão bem diversificada. Dependendo do estado de consciência, do nível de aprendizado, da situação vivida, a visão pode passar de uma característica para outra. É certo que busca sempre uma visão mais abrangente e integradora, pois acredita que é bom ser idealista, sem perder o pragmatismo. "Tudo começa com um sonho, porém é necessário racionalizar para realizar."

Aprendeu com a Psicossíntese que nossos recursos básicos: pensamentos, desejos, impulsos, sensações, emoções, sentimentos, imaginação e intuição podem estar a serviço do nosso bem estar, equilíbrio e realização. Como seres humanos, por vezes, achamos que somos apenas os nossos pensamentos. Outras vezes achamos que somos as nossas emoções. Acredita que o desafio do crescimento nos convida a exercitar e expandir as nossas inteligências (intelectual, racional, criativa). Vem trabalhando com gentileza e equilíbrio para se apropriar desses aprendizados e usufruir das suas emoções como um precioso recurso e não como um entrave para seu crescimento.

Domina as suas emoções em situação de forte stress ou pressão. Isto através de ferramentas muito simples e práticas, atitudes positivas e saudáveis. Acha que é menos uma questão de dominar e mais uma questão de reconhecer e escolher transformar as emoções que não contribuem.

Sua forma de solucionar problemas é encarando-os como desafios, fonte de aprendizado e tentando identificar o que lhe motiva a solucionar tal problema. Tentando sempre aliar inteligência racional à inteligência emocional.

Suas principais forças são sua fé na vida, sua maturidade, seus recursos inatos e sua vontade incansável de se realizar.

Costuma ser reconhecida como uma pessoa facilitadora de relacionamentos. Gosta de criar um ambiente saudável ao seu redor. Gosta de exercitar sua inteligência lógica, desempenhar funções, tarefas, atividades que sejam um convite para seu crescimento e dos que estão ao seu redor. Gosta de se realizar na vida e no trabalho e ver as pessoas se realizando nas diversas oportunidades que um bom trabalho propõe.

Acredita que seu lugar é onde puder se sentir verdadeiramente útil, onde suas habilidades, talentos, vocação para facilitar o desenvolvimento humano possam ser de fato aproveitadas.

Considera-se "uma pessoa abençoada", pois teve o privilégio de dividir com duas irmãs amigas uma mãe que foi um exemplo de sabedoria e fé, e um pai que foi exemplo de caráter e fortaleza. Tem muitos amigos, com quem pode viajar pelo mundo e curtir a vida. Há dez anos vive com um homem que para ela é companheiro e alegria de viver. Adora viajar, dançar, filmes, livros, arte – especialmente a pintura. Frequenta grupos de estudos relativos à evolução da humanidade e da paz mundial.

Apresenta-se com muita educação e simplicidade. Boa apresentação pessoal e postura profissional. Cresce e cativa durante a entrevista. Demonstra ser uma pessoa no caminho da própria realização. Funciona como qualquer ser humano, não pretende ser super especial. Vem observando que as escolhas que faz têm servido como exemplo para muitas pessoas que fazem parte da sua caminhada – sente isso como algo muito gratificante. É crítica e autocrítica, tem raciocínio lógico, questionadora, observadora, espiritualizada, estável e muito comprometida. Ótima comunicação oral e escrita.

Identifica-se com o Dr. Edward Bach, médico inglês (1886-1936), que acreditava profundamente no potencial humano e que disse: "qualquer que seja o nosso trabalho, ou a posição que ocupamos nesta vida, se o fazemos com amor, este é o trabalho que devemos realizar e onde podemos ser nós mesmos".

A empresa contratante deve esperar uma profissional e pessoa pronta para colaborar com o desenvolvimento de suas pessoas e, consequentemente, de seu negócio. Seguem em anexo as REFERÊNCIAS PROFISSIONAIS para serem verificadas.

Sua pretensão salarial é de R$ 16.000,00 (a negociar) como PJ + benefícios.

Está participando de vários processos seletivos.

Conto

NÍVEA

Nadia Ribeiro, nascida no Egito, viveu na Jordânia e na Inglaterra. Veio para o Brasil com 16 anos. É casada com um publicitário com quem tem duas filhas. Executiva de carreira, atualmente ocupa o cargo de Vice-Presidente Sênior de Desenvolvimento de Negócios para América Latina. Formada em Publicidade & Propaganda, pela

Universidade Anhembi Morumbi, ingressou na empresa em 2000, quando assumiu a Vice-Presidência de Operações e anteriormente trabalhou em outras empresas na área de logística internacional, havendo começado sua carreira na Air France. Nádia é também líder do programa de Diversidade e Inclusão da CEVA na América Latina.

Nívea estava sentada na pequena e charmosa cafeteria, bebericando seu cappuccino, enquanto repassava a entrevista que acabara de ter.

Uma agradável sensação estava tomando conta dela. Refletiu... Havia várias razões para se sentir assim. Estava chovendo, e isso em geral a deixava de bom humor, o cappuccino também contribuía, e, sobretudo ela havia se saído muito bem na entrevista.

Sorriu, e automaticamente olhou em volta para ver se alguém havia notado. Nívea gostava de passar despercebida em público. Apesar de ser uma ótima profissional de RH, e se relacionar bem com os colegas de trabalho, não era muito sociável.

Discretamente elegante com um tailleur preto da Gregory, camisa branca básica, sapato de salto médio e somente brincos pequenos como acessórios, Nívea se apresentava bem aos seus 45 anos, apesar de estar ligeiramente acima do peso. Não era vaidosa, nem demasiado atraente, mas tinha seu charme.

Voltou a pensar na entrevista. Sabia que o cargo era perfeito pra ela, o próximo passo natural em sua carreira; sempre quisera trabalhar numa multinacional. Além de melhor remuneração e benefícios, a estrutura corporativa e o uso de outros idiomas a atraíam.

A entrevistadora parecia impressionada. Nívea possuía todas as qualificações necessárias, era articulada, tinha experiência nas diversas áreas de RH, era madura e equilibrada. Isso tinha que dar certo! Principalmente porque ela não podia ficar muito mais no seu emprego atual. Seu coração se apertou ao lembrar a situação na qual ela havia se metido.

Há algumas semanas já não suportava mais ir ao escritório. As horas não passavam ali, especialmente tendo Patrícia trabalhando na mesa bem à frente de sua sala.

Como pude ser tão estúpida? Ela pensou. Havia quebrado a primeira regra profissional, a regra cardeal, ainda mais para uma pessoa de RH!

Sua mente voltou há uns seis meses atrás, no dia em que Patrícia começou como estagiária. Com seus cachos louros, jeans e camiseta apertados, pele perfeita, olhos brilhantes e cheia de vida. Era encantadora.

A atração que sentiu foi imediata. Mas, como sempre, ela sabia se controlar. Nunca ninguém havia desconfiado de suas preferências. Entretanto, quando começou a trabalhar junto com Patrícia, as coisas foram ficando mais difíceis... Nívea tinha um projeto especial, por isso haviam aprovado a contratação de uma estagiária. Para Nívea o fascinante era a rapidez de Patrícia aprender e a paixão que demonstrava no trabalho. Seu sonho era ser efetivada, não media esforços, era ambiciosa e não escondia.

Trabalharam longas horas juntas, em grande sintonia. Frequentemente fora do horário e às vezes aos sábados. Aos poucos, Nívea se desarmou, pela primeira vez abriu a guarda, permitiu que uma relação de trabalho se transformasse em algo pessoal. O caso durou alguns meses, elas passavam os dias juntas, saíam tarde, e às vezes iam para a casa da Nívea à noite. O Joaquim estava viajando muito a Manaus, trabalhando na abertura de uma filial da empresa de logística onde trabalhava e Nívea tinha a casa para si.

Lembrou-se de Joaquim com um sorriso triste. Há dez anos com ele, era um bom companheiro, nada mais. Há algum tempo já perdera qualquer interesse sexual por ela – e nem poderia culpá-lo, pois era recíproco. E claro que ele não sabia o que ela sentia, nem imaginava. Haviam tido alguns anos de relação mais aquecida, mas que suavemente havia caído numa rotina conveniente.

Voltou a pensar em Patrícia. Quando terminou o projeto, ela nem precisou pedir. Nívea articulou e a efetivou na empresa com um ótimo salário e cargo. Balançou a cabeça. Outro erro! Como ela foi usada!

Nem passou muito tempo e ela começou a perceber a mudança. As desculpas vagas de Patrícia, a discreta frieza, os sorrisos para o gerente financeiro, as ausências.

Nívea era inteligente e não se perdoava por ter sido tão cega. Temia agora que Patrícia, tão frívola como se revelara, pudesse espalhar alguma coisa. Além do mais, a convivência com ela tornara-se insuportável. Estava na hora de ir embora.

Pediu outro cappuccino e pensou na trajetória de sua vida. Quando como adolescente começou a se sentir atraída por meninas, confidenciou com sua mãe, que parecia uma mulher aberta e compreensiva. Entretanto, a mãe descartara o assunto como uma bobagem da idade, e a empurrou mais para a igreja. Passou a juventude entre recaídas e repressões, lidando com a culpa e sem conseguir se definir até conhecer o Joaquim. Decidiu então se estabelecer, tentar esquecer esse seu lado e procurar viver um casamento "normal". Por um tempo funcionou, mas algo nela não estava bem, e ela sabia o que era. Continuou reprimindo e sublimando, até conhecer a Patrícia.

Olhou pela janela e pensou em sair, estava ficando tarde, mas a chuva ainda estava forte. Resolveu esperar mais um pouco. Foi quando o celular tocou. Era Joaquim. Precisava conversar, ele explicou. A empresa queria transferi-lo de vez a Manaus para gerenciar a nova filial. Isso não era uma surpresa total, pois já haviam discutido essa possibilidade.

Pediu a conta e começou a se preparar para sair, então a chuva parou, e ela também. Enquanto observava o céu clareando, pensou que estava numa encruzilhada. Seria um sinal?

Sentiu certo pânico. Poderia ir embora com o Joaquim, afastar-se da situação, recomeçar uma vida nova com ele.

Por outro lado, estaria continuando a viver uma mentira. Talvez tivesse chegado a hora de dar uma reviravolta total em sua vida.

Pela primeira vez em muito tempo ela parecia ver com clareza. Seu coração estava disparado. Teria coragem? Precisava começar em algum lugar, se acomodou de novo, pegou o celular, e com a mão trêmula discou para a irmã.

"Bete querida, sente-se, tenho algo para te contar... Não, não é nada de ruim, só resolvi te falar hoje. Há anos quero te contar uma coisa. Sei que você me ama e vai entender, vai me aceitar como sou"...

Conto

DESTINO DIVERSÃO

Dilson Cavalcante, 57 anos, formado em Marketing e Comunicação Social. Empresário no segmento de brindes corporativos. Artista Plástico e escritor nas horas vagas. Contato: dilson-teartextil@hotmail.com

Meu destino é diversão. Quando vejo alguma oportunidade, coloco a mente para elaborar estratégias meticulosas para poder ter prazeres sutis e sofisticados. Para tornar meus dias intensos e particulares.

Experimentei certa ocasião a disputa de uma vaga numa multinacional de destaque para trabalhar ao lado do CEO da empresa, ou seja, o segundo "homem" na hierarquia. Foi uma experiência e tanto, não imaginava a princípio as situações inusitadas que teria que administrar para dar credibilidade à minha brincadeira.

Soube da procura do profissional em uma festa muito elegante, com a presença de pessoas ilustres do cenário empresarial, personalidades e artistas.

Tenho a vida financeira resolvida. Administro bens que ganhei com meu trabalho e a herança da família. Possuo renda suficiente para arcar com os caprichos que se apresentem. Tenho hábitos saudáveis. Gosto de jogar golfe, nadar e correr maratona. Na esfera social sigo uma agenda bem diversificada, com almoços, jantares, eventos, boas festas, viagens e toda possibilidade que um "bon vivant" pode desfrutar ao lado de uma mulher de causar inveja.

Não pensem que levo uma vida fútil e sem sentido. Tenho um MBA em finanças e administração, e outro em TI, falo quatro idiomas e me mantenho informado lendo diariamente veículos internacionais e alguns periódicos locais. Enfim, tenho preparo acadêmico e profissional para encarar qualquer desafio de natureza empresarial.

Minha diversão, quase um hobby, consiste em conseguir entrevistas e indicação para grandes postos em empresas tops.

Como falei antes, soube da vaga, se é que podemos chamá-la dessa maneira, numa roda de profissionais durante a festa. Uma senhora dizia estar buscando um candidato especial (do sexo feminino ou masculino) para o cargo que iria vagar em breve e pediu indicações. Disse a ela que pensaria e se lembrasse de alguém a chamaria.

Este cargo despertou meu interesse e disputá-lo passou a ser minha meta. Encarei-o como um job especial e me dediquei inteiramente a compor o perfil e a personalidade do profissional requerido.

Fiquei inquieto, e nos dias que se seguiram chamei Christine, que para mim é a melhor headhunter que conheci. Além de grande beleza, também é inteligente e perspicaz. Por dois anos consecutivos foi eleita a melhor na multinacional em que trabalha, sendo que a filial brasileira é numa das 40 existentes pelo mundo afora.

Pesquisamos detalhadamente as características dos melhores profissionais na área, buscando seus conhecimentos técnicos, experiência, estilo de ação, como toma decisões, como se relaciona no mercado, se é discreto ou não, através de seu currículo e capacitação. Acrescentei alguns fatos da minha vida pessoal, acadêmica e profissional. E, assim, estava composto um profissional de alta qualidade apto para disputar no mercado de mão de obra altamente qualificada.

O próximo passo foi fazer chegar ao ouvido do responsável pelo preenchimento da vaga a notícia da existência, no seu concorrente direto, de um profissional aberto a novos desafios. Christine, mais uma vez foi perfeita! No mesmo dia recebi uma ligação pedindo uma entrevista de conhecimento, para checar as informações recebidas. Afinal tratava-se de um posto de alta responsabilidade.

Passo a gotejar as informações criando suspense e interesse pela minha pessoa. Fui dificultando um pouco o agendamento da entrevista, tendo em vista o horário e local de encontro, pontuando ao entrevistador que não poderia jamais ser visto em companhia de algum concorrente. Teríamos que evitar lugares muito conhecidos devido ao sigilo que envolve o assunto. Vou controlando a negociação aparentando segurança e valorizando ainda mais as informações contidas no currículo. O personagem tem consistência para ser até o presidente. O fluxo da comunicação foi contínuo. Encaminhei bem, tendo o domínio das ações, procurando valorizar sobremaneira a entrevista, virando uma espécie de objeto de desejo da profissional.

Não pensem que este é um movimento fácil e sem riscos. É longo e árduo, como um jogo de xadrez. Um jogo que mantém minha mente viva e a ansiedade controlada.

Conseguimos finalmente agendar um contato informal, num lugar com pouco movimento, nada sofisticado, e fora dos locais mais conhecidos. Mas de bom nível.

Na verdade quem esteve lá foi o personagem que criei, com nome, sobrenome, estilo próprio, perfeitamente adequado e minuciosamente elaborado nos menores detalhes. Nesse encontro não falei muito, me coloquei a disposição da entrevistadora, deixando a impressão de que ela já sabia bastante a meu respeito. Perguntei bastante. Mostrei interesse em analisar o que a empresa realmente precisa. Sendo discreto e pontual nas respostas e perguntas fui aumentando seu interesse e a curiosidade. E, devagar, fui reconstruindo o personagem para estar bem à altura da necessidade que o trabalho exige.

Nos contatos seguintes, comuniquei que teria disponibilidade para, no máximo, mais três entrevistas. Segui a estratégia de cercar os entrevistadores. Isto sempre funciona.

Vibrei muito quando ganharam segurança para agendar a última entrevista com o presidente. Etapas vencidas, satisfação pelas jogadas certeiras. Declinei do convite final com muita elegância. Minha atuação foi perfeita, pois nem checaram as referencias. Isso que é credibilidade!!!

Relatório 18
Cargo: **Vendedora de Livros**

Resumo da Entrevista

Natural da cidade de São Paulo/SP, 44 anos, estado civil: "indefinido". Saiu da casa da família aos 17/18 anos e foi "juntada" por quase 20 anos. Atualmente está em um bom relacionamento afetivo estável e familiar, porém sem vínculo oficial ("do tipo lema do AA: "um dia de cada vez""), esse relacionamento dura muitos anos. É mãe de 2 filhos universitários. Definiu o relacionamento familiar como sendo bom, porém poderia ser melhor "se os filhos a compreendessem".

Aos 10 anos de idade, seus pais se separaram. Encarou como alívio a separação, pois sofria muito com as brigas constantes. Recebeu educação muito simples em que os principais valores foram: "é preciso se mexer e enfrentar dificuldade sozinha". O pai era adicto; a mãe "tinha certo prazer pelo sofrimento". Com tudo isso teve que amadurecer muito cedo. Relatou que está fazendo análise há sete anos. Está se desconstruindo dos hábitos e modelos familiares e se reconstruindo de acordo com seus desejos e objetivos atuais.

Relatou ter tido vários problemas de saúde chegando a realizar algumas cirurgias, no entanto está sempre se cuidando e pensando no futuro de forma positiva. Não pratica esporte "por enquanto", mas gosta de caminhar e dançar. Adora estar em contato com a natureza. Para se divertir gosta de programas familiares, encontrar os amigos e de uma boa conversa. É fanática por cinema e gosta de teatro "mais ou menos". Adora conhecer novos restaurantes e frequentar festas.

Acredita que tem como pontos fortes, profissionalmente: empreendedorismo, dinamismo e pró-atividade. Acredita também que precisa ser menos ansiosa e autocrítica. É uma "iniciadora de negócios", gosta de estabelecer conexões entre pessoas. Gosta também da diversidade de realizações, por isso está constantemente participando de projetos artísticos.

Iniciou sua vida profissional aos 12 anos de idade trabalhando em uma casa de família como empregada doméstica. Aos 13 anos foi trabalhar em uma empresa de saúde, onde cuidava sozinha de um pequeno negócio "de tirar chapa dos pulmões". Aos 14 anos, agora com carteira de trabalho, iniciou emprego formal na primeira empresa de micro computadores do Brasil. Iniciou na linha de produção como Auxiliar de Serviços Gerais. Foi promovida pra Auxiliar de Soldagem, depois pra Soldador ½ Oficial. Percebeu que era a única pessoa que estudava na linha de produção e pediu uma oportunidade pra trabalhar no escritório, inclusive pra poder usar o curso de datilografia que havia custeado enquanto trabalhava de Doméstica. Foi promovida como Auxiliar de Secretária e nunca mais parou de crescer profissionalmente. Nas duas últimas décadas vem trabalhando como headhunter.

Para manter-se atualizada lê de tudo, inclusive anúncios nos postes. Adora ler. É viciada no jornal Folha de São Paulo, mas lê outros quando é possível.

Define o seu estilo de trabalho como sendo impulsivo em alguns dias, planejado e organizado em outros. Mas entrega o que promete – o que acredita ser fundamental! Além de contribuir para um bom clima no ambiente de trabalho, sempre.

Sua vida pessoal está equilibrada "dentro do que é possível ser equilibrada". Construiu uma boa qualidade de vida, tem bons amigos, vem construindo vínculos duradouros e satisfatórios.

Para o futuro gostaria de, a cada ano, poder se dedicar a um projeto profissional interessante e lucrativo.

Está comprometida com as suas palavras – pensa que elas valem mais do que sua assinatura. Sua orientação motivacional é a ética e o desafio da realização. Relatou que "às vezes, dá uma escorregada", mas por pura ignorância. Quando erra, pede desculpas. Quer deixar como legado seu exemplo de vida e de superação das dificuldades.

Percebe o mundo como sendo cheio de oportunidades e desafios. Realista, tem percepção apurada sobre a diversidade cultural e formas de viver (boas e ruins). Procura ter as atitudes que gostaria de receber.

Em situações de fracasso chora muito quando está sozinha, reclama um pouco com os amigos e busca "um colinho". Reflete bastante sobre a situação e depois "arregaça as mangas e continua em frente, trabalha em dobro, se for preciso". Procura não repetir os mesmo erros. Procura desenvolver visão abrangente, no entanto, é por natureza idealista e sonhadora.

Está em constante amadurecimento. Sobre forte pressão "respira fundo – porque não tem jeito, e trabalha bastante". Para solucionar problemas, procura ouvir todos os lados envolvidos na questão e entender principalmente tudo o que não está sendo dito. Suas principais forças são: seu entusiasmo perante a vida, sua curiosidade e generosidade. Acredita que seu desempenho é muito bom, pois está constantemente se atualizando.

Apresenta-se com educação e muita simpatia. Boa apresentação pessoal e postura profissional. Demonstra ser uma pessoa otimista, agregadora, muito flexível e de fácil adaptação, empática, colaborativa, sonhadora, com bom nível cultural, ética, com boa habilidade intra e interpessoal, constantemente tenta superar as suas limitações, empreendedora, entusiasmada, criativa e persistente. Boa comunicação oral e escrita.

Seu último salário foi "o suficiente para manter um bom padrão de vida". Sua pretensão salarial é "o suficiente para ter um ótimo padrão de vida".

Suely Cândido

Conto

MEI

Marília Moschkovich é socióloga e pós-graduanda em Educação na Unicamp. Bloga e milita no movimento feminista nas horas vagas. Quando consegue inspiração, escreve literatura. Agora casada, tem três gatos pelos quais é apaixonada. Você pode encontrá-la em: http://mulheralternativa.net ouhttp://comoseracademica.blogspot.com

Na televisão não digital e sem cabo, um homem branco anunciava um programa milagroso para acabar com a prostituição.

– E oferecer a oportunidade às mulheres de trabalharem o triplo ganhando três vezes menos como empregadas domésticas? Esse sim é um trabalho digno... – dizia Mei à TV ironicamente. Sozinha na sala tinha o hábito de ouvir ao jornal da tarde enquanto cuidava de seu figurino. O ferro a vapor suava-lhe o rosto escorrendo até o colo dourado. A luz forte do pôr do sol entrava pela janela. Primavera em São Paulo. Estranharia se até as oito horas não chovesse. Tinha estado abafado como nunca. Vestido após vestido, camisa após camisa. Calça, calcinha, lingeries das mais provocantes. Mei passando roupas era um desfile completo. As dela e as dos filhos quando eram pequenos. Queria que os dois se acostumassem desde cedo ao que é belo. "Sensualidade só era pecado na Idade Média", repetia para si mesma, incansavelmente.

Com o sol já posto, não precisava mais esperar a vizinha que dividia há alguns anos com ela a árdua tarefa de ser mãe, trabalhar e ainda buscar os filhos na escola. Mei ficava com as segundas, terças e quartas, já que raramente trabalhava nestes dias. A vizinha ficava com quintas e sextas – um dia a menos, mas precisava dar jantar aos pequenos e colocá-los na cama, uma tarefa que Mei não tinha. Saudades daqueles dias. A vizinha trabalhava de dia e Mei e o então companheiro, à noite. Mas não naquela noite.

Guardou o ferro de passar, e foi pendurando as roupas, uma a uma, no armário. Era quase uma boutique dentro do closet. E tinha os sapatos... Ah, sapatos! Era apaixonada por sapatos coloridos moderninhos, desde O Mágico de Oz. Havia ali pelo menos oito pares só desse tipo. Sem falar nas sandálias de salto, scarpins, rasteirinhas, tênis, sapatilhas, anabelas, bonecas, tamancos e até chinelos de dedo. O figurino de Mei era definitivamente digno de Hollywood. Fechou a portas e reafirmou o que tinha para fazer agora: "Fogão!" Ela disse como quem dá uma ordem a si mesma.

Naquela casa não se comia e nunca se comera carne vermelha jamais. Frango, nunca. Peixe uma vez por semana, temperado com coentro e gengibre ou páprica. Vez ou outra uma moqueca. Antes de crescerem, era nos finais de semana, com o pai ou os avós que as crianças estavam autorizadas a comer hambúrgueres, picanhas e afins. Tinha sido assim desde sempre. Era natural. Naquela noite Mei, faria o prato preferido da filha: estrogonofe. Na sala, a novela falava sozinha sobre lugares impossíveis.

A panela no fogo. Lembrava-se da fechadura virando. A menina corria e abraçava a mãe na cozinha. O menino ia guardar a mochila.

– Estrogonofe! Dizia como quem descobre um baú de ouro sob o próprio quintal. Dava uma abridinha na tampa da panela pra confirmar sua deliciosa hipótese já lambendo os beiços. Comemoravam juntos com este prato quando a mãe não tinha que trabalhar.

A comemoração, para a garota, durava bem pouco. Depois do jantar e do banho não conseguia nem assistir ao seu reality show favorito. Mei a carregava do sofá para o quarto, desviando dos brinquedos no chão e arrumando o tapete cor-de-rosa com os pés, enquanto pedia para que o filho fosse deitar. Pousava-a sobre a cama rodeada de pôsteres de bandas e cantoras. Tinha saudades da filha em casa.

Depois do jantar, tinha ainda muito que fazer até a manhã seguinte e sabia que sua tarefa não seria fácil. Pratos, copos, talheres, na máquina de lavar louça. O estrogonofe que sobrou, na geladeira. As panelas na pia para lavar amanhã. Desligou a TV e foi para o quarto.

Acendeu as luzes do quarto. Despiu-se. Os quarenta e quatro anos desapareciam quando Mei olhava-se nua no espelho. Beleza. Beleza era tudo que ela podia ver ali. O tom da pele, as curvas, os seios redondos, os cabelos bem cuidados e as unhas dos pés e das mãos: era tudo uma sinfonia perfeitamente orquestrada. Afinal seu corpo era o seu instrumento de trabalho. Ganha-pão.

Vestiu a camisola e o robe de seda vermelhos, seus favoritos. Sentou-se à mesa de trabalho e abriu o notebook. A Paulista figurava na janela como um quadro, à noite ainda mais impressionante. Mei amava São Paulo. Conhecia Nova Iorque, Londres, Berlim, Paris, Recife, Rio de Janeiro, Curitiba, Tóquio, Milão... E amava São Paulo. Na tela em branco, digitou seu nome completo, endereço, informações de contato. Voltou o cursor no topo da página pra colocar o título: Curriculum Vitae.

Não se lembrava da última vez que tinha escrito um currículo. Aliás, não se lembrava de jamais tê-lo feito. A oportunidade de trabalho surgiu de repente, como um vagalume no meio da tarde. Estava ali o tempo todo, mas a luz não deixava ver. Ela poderia continuar trabalhando como sempre, mas seis horas por dia ela dedicaria a um trabalho com carteira registrada, auxílio alimentação e plano de saúde. No futuro poderia até se aposentar. Em sua carreira, estar na casa dos quarenta era a iminente necessidade de se diminuir – e muito – o ritmo de trabalho. E diminuir o ritmo de trabalho significava diminuir a renda. Precisava arranjar um jeito de manter o padrão de vida que queria oferecer à família, aos futuros netos...

Sua infância, numa das regiões mais pobres de São Paulo, não era exemplo a ser seguido. Estava ali, era seu passado e pronto. Teve sempre em mente que os filhos teriam um passado diferente. Sua mãe, católica devota, a criara para se reconhecer como pecadora e ser temente a Deus. Era uma mulher dura. No bairro onde moravam as mulheres eram impuras, indecentes, dizia ela. Era proibida de sair de casa para que não tivesse contato nenhum com aquelas mulheres. Mas quando o pai perdeu o emprego para a bebida, foi só ali que a família pôde morar. Era um quarto e sala que os três dividiam ainda com a avó. Sem poder sair de casa, os livros da biblioteca da escola eram o contato de Mei com o mundo para além dos muros da escola, dos assentos do ônibus e das paredes do quarto e sala. Era muitas vezes seu refúgio em discussões e brigas violentas entre seus pais.

Quando menina, Mei criara o hábito de alugar toda segunda-feira um livro diferente. A avó não reclamava: "Se não gosta de rezar, pelo menos está lendo, e não saindo por aí com essa gentalha da rua", dizia para consolar a mãe que não se conformava com a negação absoluta da Igreja pela filha, depois dos sete anos de idade, quando finalmente aprendera a ler. Aos onze anos, Mei já tinha lido Clarice Lispector, Guimarães Rosa, Manuel Bandeira, Fernando Pessoa, Érico Veríssimo, Florbela Espanca, Charles Dickens, Monteiro Lobato, Road Dahl, Virginia Woolf, e até mesmo o Manifesto do Partido Comunista de Marx e Engels, que sua avó jogou no forno e ela foi obrigada a repor para a escola. Caiu como luva na mesma época em que seu pai fora finalmente expulso de casa pela mãe, um importante teórico alemão dizer que a família não é natural, que é uma forma de dominação e sabe-se lá mais o quê que ela já não se lembrava. Foi quando trabalhou pela primeira vez, já que nem a mãe nem a avó dariam sequer um tostão para contribuir com uma biblioteca comunista na escola da filha. É claro que para a bibliotecária ela teve de mentir e dizer que a mãe pagaria, evitando mais confusão ainda.

Para conseguir o dinheiro, que não era muito, mas para ela uma fortuna, Mei assou um bolo em seu aniversário, com o pretexto de levá-lo para comer com os colegas e comemorar no dia seguinte, e vendeu cada pedaço a R$1,50 na saída da escola. É claro que não podia dizer a ninguém que era seu aniversário, para que não misturassem o negócio com a vida pessoal dela. Conseguiu o dinheiro e foi direto pagar a biblioteca pelo desfalque, vermelha de vergonha e pedindo mil desculpas pela perda do livro. Foi a primeira lição de business que Mei teve em sua vida. Mesmo assim, isso não entraria em seu currículo.

Sua formação não era segredo, e só ela sabia o quanto os cursos de Psicologia e Serviço Social e as especializações em Terapia Cognitivo-Comportamental e Psicanálise tinham colaborado para seu desenvolvimento profissional. Era fundamental para ela, que lidava diretamente com o cliente e precisava garantir sua satisfação total.

Chegando a hora mais delicada do currículo, Mei suspirava alternando o olhar entre a tela do notebook e a Avenida Paulista na janela. Experiência Profissional. Ela tinha e muita. Mas não podia simplesmente ser sincera aqui. Tantas vezes, ainda jovem e ingênua tentara e tivera que encarar olhares tortos, desaprovação e mesmo a expulsão da casa de sua mãe, com cintadas agressivas de sua avó nas costas. Felizmente não deixava cicatriz. O espírito empreendedor, ela acreditava, era o que tinha sido sua salvação. Caso contrário, teria certamente acabado como as mulheres da rua onde morava.

Mesmo com sua excelente formação, espírito empreendedor e uma carreira de sucesso, ainda havia muito a esconder. Os clientes de Mei eram em sua maioria homens, grandes empresários de diversos países, com os quais ela havia muito aprendido – para o bem e para o mal. Falava inglês, francês, espanhol e japonês além do português, o que lhe permitiu desenvolver uma carreira internacional. Por uma hora de trabalho Mei chegara a receber, em seus melhores anos, até mais de dois mil dólares. Nunca precisou trabalhar demais, então podia se dedicar a cursos, aos filhos, à própria formação e ao seu maior interesse na vida: os livros. "Como é que alguém pode achar que este não é um trabalho digno?", refletia ela. Mas não importava como, importava para ela que a sinceridade total sobre a sua carreira arruinaria sua chance de conseguir essa vaga. Estava ansiosa para a entrevista no dia seguinte.

Recursos Humanos traduzia basicamente o que ela tinha feito todos esses anos. Perdera a conta de profissionais em início de carreira que ela ajudara com sua experiência. Lidar com a clientela ensinara-a e muito. Inclusive agora ajudava seu filho, que insistia em recusar conselhos, ele que se mostrava preconceituoso em relação à profissão da mãe. Nos piores momentos chamava-a de prostituta de luxo, pois sabia que ela se ofendia e não concordava com este nome ridículo que alguns usavam para o trabalho que fazia. Além de ter tempo para investir em si mesma, ela viajava, conhecia pessoas, fazia amigos, participava de congressos, eventos, convenções... E recebia por tudo isso! "Prostituta de luxo" esvaziava o sentido daquilo tudo.

Como demonstrar a experiência profissional enorme adquirida ao longo dos anos, sem entrar em detalhes ou sem deixar entrar em detalhes? Bem que podia ter uma mãozinha do terapeuta numa hora dessas. Mas não tinha. "Então, é isso, bola pra frente!"

A Avenida Paulista começava a se encher novamente de carros quando ela acordou. Espiou no quarto ao lado onde o filho dormia. Não tinha ouvido quando ele chegou. Ligou a cafeteira e foi fazer xixi, de porta aberta. Voltou para o quarto e abriu as portas da sua passarela privativa. Sacou rapidamente um conjunto de ginástica no qual se enfiou em meio segundo. Escovou os cabelos e prendeu para trás num rabo de cavalo. Uma xícara de café, uma torrada com margarina light e iogurte com fruta, batido na hora. Desceu para a academia do prédio, como fazia todos os dias. Mas naquele dia com um sorriso mais iluminado no rosto. Decidira ficar com a ideia de Recursos Humanos. Eram as duas coisas sobre as quais sabia mais no universo: gente e livros.

Com o currículo impresso sobre a mesa e já metida num conjunto de bermuda social, camisa, brincos, bolsa e sapatos combinando, Mei estava radiante. Mais feliz do que nunca. Sabia que ia conseguir o emprego. "Afinal", pensava, "que mais se precisa saber na vida senão sobre gente e livros?".

Suely Cândido

Conto

EU SEI, MAS NÃO FALO!

Cristina (Tita) Ancona Lopez é empresária e escritora. Foi franqueada e em seguida gerente de operações da empresa Yázigi. No Instituto Ayrton Senna, durante oito anos, foi responsável pela gerência de relacionamento com mais de 80 empresas doadoras. Hoje dirige sua própria empresa de prestação de serviços personalizados, a Ancona Lopez Serviços S/C Ltda. Escreve desde sua adolescência, tendo sido premiada em 2008 no 3º Concurso de Contos do Caderno 2 do Estadão com o conto "Imprevisto". Seus contos, poesias e crônicas podem ser saboreados no blog Nacos de Mim. www.cristinaanconalopez.blogspot.com. Conversa com seus leitores através do e-mail tita.ancona@gmail.com

 Conheci-a ainda pequena. Estou sempre com ela, mas não me lembro da cor dos olhos. Que estranho! Tantas vezes juntas ao longo da vida e não me lembro da cor dos olhos... Como pode? Mas lembro-me de que há sempre alguma coisa estranha com eles, os olhos.

 Quando os pais se separaram eu já a conhecia sim! Uma menininha, dez anos tinha os pais se separando e pareceu-me na ocasião que não se abalara nem um pouco... Continuou brincando, indo à escola, sentando-se no meu colo para pentear meus cabelos, como se nada tivesse acontecido. Diga-me, não lhe parece estranho?

 Sim, eu a conheço há muito tempo. Hoje nos vemos pouco, mas aparece sempre que algo de ruim lhe acontece e, então, ainda hoje, senta-se no meu colo e penteia meus cabelos. Caso esteja bem, telefona-me vez ou outra, alegre, contando coisas, rindo, dizendo-se feliz. Mas eu sei, ah se sei! Há algo de estranho naquela voz, tão estranha quanto o olho que não lembro que cor tem.

Após a separação, cuidou da mãe como se fosse sua filha, e tratou logo de esquecer o pai alcoólatra, este sim que a fez sofrer o diabo na infância. Deve ser por isso que costuma dizer que crianças sofrem demais. Sempre foi assim, cheia de ditos, cheia de regras, cheia de opiniões. Dona de si. Sabe como é? Eu sei bem. Acompanhei o casamento, desastroso. Cisma em dizer que nem casamento foi, mas eu estava lá quando saiu pela porta, olhos brilhando, cheia de esperanças para começar a vida nova. Catástrofe! Era jovem demais, sonhadora demais e, ainda assim, sonhando, impensada, teve dois filhos. Porque não pensou melhor? Nunca conseguiu dar bem com eles, sofreram tanto quando crianças... Mas como poderia dar-se bem com eles se nunca aprendeu a dar-se bem consigo mesma?

É como eu disse: de vez em quando me telefona e então eu sei que se esquece do quanto a conheço. Semana passada falou tanto que me cansei de escutar, desde o tanto que gosta de ler jornais até sua indignação sobre sei lá que programa de trainee, que é patrocinado por alguma indústria de tabaco. Fala, mas como fala!

Eu lembro bem de que, quando fala, nem olha nos olhos. Aliás, finge que olha, mas eu sei! Eu a conheço desde pequena! Eu sei coisas dela que nem mesmo ela imaginaria que alguém soubesse. Eu sei por que vi, muitas vezes. Mas não comento, que não sou de comentar, e além do mais (coitada) teve motivos, uma vida sofrida isso sim foi o que teve.

Por isto estranhei quando telefonou ontem. Calma, tranquila, não parecia a mesma. Então me contou que foi contratada por uma empresa grande, salário bom, perguntei: mas vai fazer o quê? Vender livros, falou! Você não sabe da paixão que eu tenho por livros? Sim, eu sei... Desde bem pequena lia muito, até compulsivamente, qualquer livro, qualquer anúncio, qualquer revista, trancada nos quartos, no banheiro... Dava-se bem com os livros. Mas vendê-los? Saberia?

Diga como foi que conseguiu o emprego? Entrevista? Aonde? Uma mulher? Que perguntas ela fez?

Disse-me que contou tudo: sua vida, a infância difícil, o casamento, os filhos entristecidos, a terapia, a mãe criança, o pai alcoólatra, o choro que chega por vezes sem motivo (mas você contou isso?). Contou. Contou muito de si. Mas eu sei que "aquilo" ela não contou. Não contou porque pensa que ninguém sabe. E eu sei que não olhou nos olhos de quem a entrevistou. Sem dúvida, fingiu olhar e enganou bem porque, se tivesse olhado firmemente quem quer que seja teria visto aquele algo tão estranho naqueles olhos que eu não me lembro de que cor é. Onde será que aprendeu a olhar esse olhar que quando não quer ser visto não se mostra?

De qualquer maneira, como é bom o emprego! Espero que dure. Os últimos duraram tão pouco... Uma hora as pessoas percebem e descobrem que há algo que incomoda, e muito. Ficam desconfortáveis porque não conseguem descobrir o que é... Eu sei, mas não digo. Aí acontece como sempre, volta chorando, senta-se de novo no meu colo e nada diz. Vai ver sabe que eu sei... Penteia meus cabelos em silêncio enquanto lágrimas escorrem tantas que chegam a molhar minha roupa.

Não digo nada. Acaricio seus cabelos e, devo confessar choro junto com ela.

E rezo. Isso mesmo. Rezo para que em alguma próxima entrevista, seja lá quem a entreviste, não perceba o que eu sei e dê a ela a chance de ser contratada novamente.

Quem sabe algum dia ela consegue realmente superar tudo aquilo? Mas de que cor mesmo são os olhos e por que será que eu não lembro a cor que têm?

Conto

COMUNICAÇÃO NÃO VERBAL

Empresário anônimo.

A sala em formato de "U" onde se realizava o curso ficava ao final do lobby do hotel. Uma janela panorâmica dava para os fundos e propiciava uma bela vista do jardim suspenso e se estendia por uma praça. O curso de dois dias reunia um grupo de pessoas de várias empresas do ramo editorial. Teve inicio às nove horas. Candice estava entre elas.

O professor diminuiu o som da música instrumental que se ouvia ao fundo e iniciou o curso com uma breve apresentação. Era administrador, consultor, professor de uma grande escola de negócios de outra capital, aparentava cerca de 40 anos, autoconfiante, porém cauteloso. Sabia que cada evento sempre é um novo universo de possibilidades. Solicitou que cada participante se apresentasse. Cada um falou até chegar nela.

– Candice. Sou da área comercial. Espero adquirir conhecimentos. Quero fazer relacionamentos e ter subsídios para crescer profissionalmente.

Iniciara sua vida profissional aos 12 anos como empregada doméstica. Aos 13 foi para uma empresa de saúde, onde cuidava sozinha do pequeno negócio "de tirar chapa dos pulmões". Aos 14, já com carteira de trabalho, estava na primeira empresa de microcomputadores do Brasil, era auxiliar na linha de produção. Agora aos 37 era vendedora de livros.

A voz era firme, sem titubear, o tom denotava entusiasmo, um leve sorriso transmitia simpatia. O corpo bem feito era destacado por um vestido Chanel tweed justo. A blusa em tom pastel, aberta na frente, deixava imaginar os seios firmes. A mesa escondia suas pernas.

Já no final da manhã, o curso abordava a comunicação não verbal, tão importante nos relacionamentos interpessoais.

– O corpo fala. O espaço é por ele ocupado, as mãos, os movimentos, os gestos, o rosto, o olhar... Todos esses elementos falam uma linguagem peculiar. Mais de 65% da comunicação é não verbal. Os outros 35% da comunicação são ocupados por palavras, tom, ritmo e velocidade. Diferentes culturas se manifestam de formas diferentes. Quais são os limiares de tolerância ao silêncio em cada uma? – E fez um silêncio maior na sua fala.

– E os limiares de tolerância ao olhar? – Passou o olhar fixando-se em alguns participantes e, mais intensamente, quando encontrou o olhar curioso de Candice. – E o que dizer do espaço e da proximidade física? O que diriam os anglosaxãos se eu conduzisse a palestra assim?

Aproximou-se de alguém no lado esquerdo da sala e, em seguida, se dirigindo para o outro lado concluiu...

– E o que pensariam se eu tocasse no corpo de alguém? E dirigindo-se à Candice, levantou suavemente a mão e a tocou no ombro.

Candice naquele momento sentiu em seu corpo todo como um sutil choque elétrico. O consultor percebeu um leve rubor na pele sedosa de seu rosto claro. Com seus pensamentos na velocidade da luz e os batimentos do coração alterados ele imaginava o aumento do calor do corpo, a coloração da auréola, o leve inchaço dos mamilos, o aperto das coxas e o pulsar do clitóris. Não posso perder a concentração, e continuou.

– As pessoas quando estão envolvidas com outras, atraídas por suas ideias, ficam em estado de alerta, com uma vivacidade única que as torna particularmente atraentes... O olhar brilha, elas fazem o espaço físico diminuir e se inclinam em direção às demais na dança em que a sintonia se estabelece.

No período da tarde, a turma estava ligada nas atividades e discussões, após as quais sempre o consultor concluía algum conceito. Candice estava entre os mais entusiasmados e atentos. Foi a apresentadora de um dos grupos. O seu brilho profissional sóbrio no conteúdo, e com um calor humano sutil na forma, foram percebidos por todos.

No intervalo da tarde, várias trocas de olhares rápidos. Depois de circular um pouco, os dois conseguiram encontrar, entre tantos participantes, um espaço exclusivo.

– Gostei de tua apresentação!

– Obrigado! Também estou gostando muito do tema.

– Que bom! Sabe, desde o início estou curioso pra saber qual é o significado do teu nome. Ele é diferente e bonito!

– Em português, é Cândida. A origem latina significa "pura de coração".

– Que tal a origem grega de Candice?

– Qual é?

– "Fogo branco". Acho, apesar do nosso pouco tempo de contato, que entre "pura de coração" e "fogo branco", um misto como "coração em fogo" é mais você. Estou certo?

Ela riu muito, mas não deu resposta.

Para o dia seguinte o consultor alterou todos os lugares dos participantes com a alegada finalidade de possibilitar uma diversidade maior de contatos nas atividades. Ele tinha observado que a janela com vidros fumê funcionava também como um espelho. Por isso ele mudou Candice para uma posição frontal.

Ela chegou exuberante. Um vestido vermelho justo ficou totalmente à vista quando ela colocou o casaquinho na cadeira. Os cabelos ruivos emolduravam seu rosto e seus olhos claros, seus seios no volume certo estimulavam a imaginação, as pernas de um bronze único faziam sobressair a textura e as formas bem torneadas. Isso quase tirava o fôlego e o foco do consultor.

Nos vários momentos em que as atividades desenvolviam-se, durante os quais o consultor se abstraía da participação, ele se dirigia à janela fingindo olhar pra fora. Na realidade, apreciava as pernas, os movimentos daquelas coxas tão especiais. Candice, com seus trejeitos, solicitações para tirar dúvidas e expressão do rosto parecia dizer que ele tinha algo especial para ela. De algum modo misterioso, ela o tornou interessante.

Ao final do curso, depois que todos se foram, lá estava ela na saída. Sabia que era casado. Mas isso estava em outra esfera. Candice tinha saído de casa muito jovem aos 17 anos, logo em seguida teve um bebê e muita responsabilidade. Agora gostaria de poder se dedicar a um projeto profissional interessante e lucrativo. A prioridade, cada vez mais, era buscar firmar-se profissionalmente.

Com a mão no braço dela o professor avaliou o quanto tinha sido especial sua participação. Candice, tocando-o no outro braço, respondeu ter sido um dos melhores cursos de que tinha participado. Trocaram cartões. Ele enviou para Candice um exemplar do livro "A comunicação não verbal" de Flora Davis.

Dois meses depois ele voltou a São Paulo e marcaram um almoço. O abraço afetuoso do encontro selou o carinho mútuo. Perfumes se misturaram com os beijinhos no rosto. Os galanteios se multiplicavam, as mãos se tocavam. O calor e o prolongamento dos toques agiam como um termostato que a cada minuto pressionava pelo final do almoço. Sobremesa, café, a conta, o taxi... e o flat onde ele estava hospedado.

O apartamento era bem decorado. Logo na entrada, um bar com três banquetas mais altas. Com um leve toque o som ambiente estava no ar. A cortina foi fechada para esconder a claridade da tarde. Luzes indiretas foram acesas. Ele foi ao quarto, ela ao banheiro.

Quando ela voltou, dois cálices já estavam esperando. Agora só com o vestido, sentou-se na banqueta. Ele tirou a gravata e, com o colarinho desabotoado, foi chegando lenta e suavemente, sem nenhuma palavra, entrou com sua cintura entre as pernas dela, que vagarosamente se abriam. Apenas se olhavam e sentiam a respiração e a pulsação um do outro. E deram o primeiro beijo. Interminável. Estonteante.

As mãos curiosas procuravam caminhos. As dele logo descobriram que ela estava sem calcinha. As dela perceberam que ele estava sem cinto. A umidade de ambos misturou-se nas mãos cada vez mais frenéticas, agora se movimentando ao som de gemidos ofegantes. Quando chegaram à cama, já estavam com a sensibilidade dos corpos nus à flor dos poros.

– Candice, murmurou.

– Coração em fogo! Ela complementou e, em seguida, colocou o dedo indicador nos lábios dele, como a sugerir a curtição total e exclusiva da comunicação não verbal.

Ele colocou um lenço em torno dos olhos dela, como uma venda. Ela aceitou o domínio sem palavras ou restrições.

Ele começou a colocar em Candice pétalas de rosas com minúsculas pedras de gelo. Ela se desnorteou surpresa, sentindo a ambiguidade entre o frio dos grãos de gelo com o aumento do calor do corpo, o perfume, os arrepios que aceleravam os batimentos do coração. Foi beijada em toda a extensão da pele, por um tempo que não finda e não se conta.

Finalmente ele a desnudou como no sonho e viu a coloração viva da auréola e o inchaço dos mamilos. Sentiu o aperto das coxas e o pulsar do clitóris estimulando as contrações em torno de seu membro.

E se perderam na mais completa descontração e ausência de palavras. O silêncio agora dava todo o espaço para o êxtase supremo de criatividade e de erotismo...

Conto

AS MIL E UMA NOITES

Suely Cândido

Fazia tempo que andava com esta mania estranha. Já perdera a conta de quantas vezes repetia aquele gesto por dia. Começava a se preocupar e por isso resolveu comprar um pequeno caderninho de notas pra escrever todas as vezes que acontecesse aquela situação. No início não percebia, depois começou a notar sua atividade intensa, várias vezes ao dia. Será que estava viciada?

Era assim que acontecia: sua mão direita adentrava pelos panos, tocava e imediatamente sentia as mais variadas sensações. Enquanto sua mão esquerda servia de apoio, a direita ia e voltava de um lado para o outro, tocando, revirando, tentando perceber os detalhes, descobrir o que tanto procurava. A mão inquieta, e ao mesmo tempo tão sensível ao toque, ia e vinha, subia e descia. Quanto mais vasculhava, mais criava tensão. O pensamento vidrado no êxtase que estava por vir, quando realmente conseguisse encontrar o que estava buscando.

Sensação parecida com aquelas da infância quando folheava As Mil e Uma Noites. Tensão gostosa que crescia conforme imaginava magias, riquezas deslumbrantes, ouro, pedras preciosas, joias cintilantes, rubis que nasciam de dentro das romãs encantadas. Paixão e desejo pelo secreto e inexplicável.

A mão entrava, tocava, acariciava, procurava, apalpava. A mente fantasiava. E, de repente, acontecia a explosão de excitação no encontro! Depois vinha o tirar a mão e continuar as tarefas cotidianas, como se nada tivesse acontecido.

A bolsa era a fonte de todo o mistério. O que sentiu foi paixão à primeira vista. Encantou-se quando passeava pelas ruas de Córdoba, em sua última viagem à Espanha. Era final de tarde e estava muito cansada de tantos passeios e do calor, mas ao vê-la imediatamente seus olhos brilharam. Estava na loja de um árabe, um sujeito estranho que não parava de falar ao telefone naquela língua primitiva e ao mesmo tempo tão sonora. Será que falava dela? A loja cheirava a couro numa mistura exótica de jasmim. Na sua infância ela acreditava no poder mágico dos califas, em poderes ocultos e disfarces para as coisas mais estranhas. Mesmo temendo o encantamento daquele homem de barbas longas e expressão rude, comprou a bolsa e tratou de levá-la consigo.

Desde então nunca mais a deixou.

Percebeu que poderia estar enfeitiçada quando se viu presa a essa mania. Determinado dia viu que aquela bolsa a prendia e que tudo o que colocava dentro dela se perdia, e com isso passava momentos preciosos naquela atividade frenética de lhe vasculhar o interior.

Fantasiou, num prazer assustador, que aquele homem, talvez um príncipe árabe disfarçado de mercador, teria feito uma magia na bolsa e todas as vezes que ela vasculhasse dentro dela ele se sentiria acariciado. Gelou de medo e intenso prazer.

Imediatamente comprou o caderninho de notas e o guardou dentro da bolsa. Todas as vezes que quisesse registrar no caderninho aquele estranho hábito, teria que procurá-lo!

CAPÍTULO 4

NOSSAS "ESQUISITICES"

> Do mesmo modo como todo
> reino dividido tende a cair,
> a mente dividida entre muitos assuntos
> tende a solapar a si mesma.
> **Leonardo da Vinci**

- *Se todos possuem "esquisitices", por que tanto esforço para escondê-las?*
- *Pesquisa sobre O que você jamais falaria numa entrevista de emprego?*

Neste capítulo saímos da ficção para entrar nos conteúdos secretos "reais".

Suely fez uma pesquisa entre profissionais, garantindo-lhes anonimato, perguntando o que não falariam numa entrevista de emprego. Estamos publicando os resultados para que o leitor possa perceber, entre outras coisas, que todos têm o que chamamos de "esquisitices", que todos temos pensamentos e comportamentos secretos.

Tem coisas que a gente só pensa.

Tem coisas que a gente, além de pensar, também faz, e não conta pra ninguém.

E tem aquelas coisas que pensamos, fazemos e contamos. Às vezes contamos somente para alguém muito íntimo ou alguém muito distante.

É importante lembrar sempre como este fato é generalizado, ou seja, o quanto todos produzimos conteúdos secretos. Desta forma podemos nos ver sempre como pessoas "normais".

Você pode estar se perguntando: mas as pessoas não se acham normais?

Nossa experiência de conversar com pessoas ensina que, embora todos saibam que produzimos conteúdos secretos, todos nos olhamos meio que achando que isto é uma esquisitice. Pode acreditar. Não tem momentos que você se acha fora do normal, embora racionalmente saiba que ter esta produção secreta seja perfeitamente comum?

Embora saibamos do fato de que todos têm uma produção secreta, mais ou menos frequente, nos esquecemos com frequência disto.

Ao darmos conta somente da nossa produção secreta, podemos ter uma apreensão distorcida destes conteúdos. Muitas vezes nos condenamos abertamente por isto e em outras nem percebemos que nos condenamos. Seja como for, voluntária ou involuntariamente, quando nos condenamos, sofremos. Quando nos condenamos e continuamos "dando corda" para nossa imaginação e nos condenamos de novo e de novo, o resultado é mais e mais sofrimento.

Agora, quando mantemos a lembrança de que todos têm a produção secreta, e temos uma atitude de legitimá-las, esta atitude leva a resultados positivos.

Podemos escolher fazer alguma coisa com estes conteúdos, seja usá-los para resolver problemas no dia a dia, seja eliminá-los do dia a dia.

Da mesma forma que o headhunter pede ao candidato que comprove sua experiência, você deve estar nos questionando e pedindo um exemplo concreto que prove que o que estamos falando tem consistência.

Quanto a eliminar esta produção secreta, isto é assunto para outro livro.

Agora, quanto a utilizar estas produções para resolver problemas do dia a dia, vamos dar dois exemplos. A partir destes dois exemplos, você poderá imaginar suas questões, sejam profissionais ou pessoais.

Perguntado sobre suas "esquisitices", o candidato "confessou", numa entrevista, que tinha algumas manias como a de lavar as mãos muitas vezes ao dia, de implicar em casa quando as coisas não estavam milimetricamente ordenadas, e assim por diante. Isso ajudou Suely a preencher uma vaga que estava aberta há meses. Embora ele estivesse se candidatando a outra vaga, com outro perfil, ela o colocou na área de qualidade de uma grande rede de supermercados, com a missão específica de resolver problemas existentes com a reposição de produtos nas gôndolas. Ele está lá até hoje, a empresa está feliz e, possivelmente, a família também!

Um casal de executivos estava fazendo coach comportamental. A esposa não aguentava mais ver o marido chegar nervoso em casa, após o expediente.

Numa das sessões, a esposa falou: "conta seu sonho desta noite". Ele respondeu sem graça: "não, tenho vergonha". Ela insistiu e assim foi até que ele acabou contando. Havia sonhado que era um super-herói, um destes famosos, senão me engano, o Homem Ara-

nha. No sonho ele ganhava uma difícil batalha frente ao seu arqui-
-inimigo. Mas, com o tempo, eles ficavam amigos. Em seguida, o tal
"amigo" monta-lhe uma armadilha onde meu cliente quase morre
(no sonho). Olha que interessante! Este executivo vinha sendo continuamente ludibriado pelo sócio que sempre tinha ataques histéricos quando era cobrado de alguns relatórios e reportes.

Diante da crise do oponente, com medo, meu cliente diminuía a pressão, passava a considerar que o outro estava doente e aparentemente deixava para lá o assunto.

Chegando em casa, ele descarregava o nervosismo na esposa.

A partir da análise deste sonho, o próprio sonho passou a orientá-lo. Conseguiu perceber a própria ingenuidade e a engenhosidade do sócio. Mudou o comportamento.

Abreviando a história, hoje o sócio deixou de ter chiliques no escritório e passou a reportar adequadamente. A lucratividade da empresa aumentou e o relacionamento do casal está mil vezes melhor.

Você deve estar pensando: SE EU CONTO UM SONHO DESTES PARA O MEU CHEFE, ELE E OS MEUS COLEGAS VÃO RIR NAS MINHAS COSTAS OU, QUEM SABE, NA MINHA CARA!

É verdade! É bem possível. Como dissemos anteriormente, usar estes conteúdos exige sabedoria. Muitas vezes precisamos dizer estes conteúdos somente para nós mesmos. A única diferença será a forma como dizemos. Faz muita diferença o modo como dizemos. Se reconhecermos nestes conteúdos sua genuinidade, eles nos serão úteis de alguma forma.

Se os condenarmos como mera produção mental reprovável, ou se os mantivermos como uma espécie de trunfo escondido, eles poderão ter uma função negativa dentro de nós.

Vamos dar um exemplo que mostra conteúdo secreto sendo mantido como meio de compensar um fato dolorido. É uma das respostas que obtivemos na pesquisa: "o que você não falaria numa entrevista de emprego?" O profissional respondeu:

"Eu adoro fazer um boneco com a cara do meu chefe ou minha chefa e ficar dando porrada no joão bobo".

Quando analisamos esse tipo de conteúdo, precisamos desenvolver verdadeira compaixão por nós mesmos. Pense bem. Tudo que produzimos na mente faz parte de nós. Quando pensamos num boneco, somos o boneco. Quando damos porrada no boneco, como o boneco está na nossa mente, nós também estamos recebendo a porrada. Toda vez que dermos porrada no boneco, sentiremos o prazer de descontar o modo como fomos injuriados. Mas toda porrada será sentida por nós mesmos. De novo e de novo. Todo dia, muitas vezes ao dia. Veja bem. Dando porrada em nós mesmos, quem está sofrendo? Somos nós. E quem tem poder de eliminar este sofrimento? Pense bem. Lá fora o chefe pode ter sido chato uma ou duas vezes no dia, ou até mais, mas o que estou fazendo dentro de mim, comigo mesmo, é muito pior! Eu estou me torturando dentro e fora do expediente!

Ao analisarmos nossos pensamentos, dando-lhes um crédito, conseguimos eliminar muita maldade que cometemos conosco. Talvez não possamos evitar a chatice do chefe, ou do funcionário, do nosso filho, ou de qualquer um que nos rodeie, mas podemos evitar a maldade, muito maior, que cometemos conosco! E pode acreditar: isto faz uma ENORME DIFERENÇA!

Resolvemos divulgar estas ideias porque no dia a dia de trabalho, Suely, como psicanalista e headhunter, e eu, como coach comportamental, conseguimos ajudar as pessoas a eliminar muito sofrimento, usando ferramentas muito simples.

Nada que você também não possa fazer.

Motivando o leitor a analisar sua produção secreta através deste livro, pensamos que podemos dar uma contribuição valiosa para que cada um se perceba de forma mais abrangente e totalizante.

A seguir publicamos na íntegra as respostas que Suely obteve na sua pesquisa. Para cada depoimento pode ser feita uma análise semelhante a que foi feita para a resposta do boneco. Esperamos que seja útil a leitura.

No final, você encontrará também um diálogo que aconteceu numa das mídias sociais envolvendo alguns profissionais, sobre limites entre vida pessoal e vida profissional.

Querendo você também pode participar enviando seu depoimento para o site: http://www.duranteoexpediente.com.br.

RESULTADO DA PESQUISA

O que você nunca falaria numa entrevista de emprego?

- *Que não sei como educar meus filhos.*
- *Não acredito que o Brasil possa melhorar.*
- *Tenho dúvidas se é possível conciliar de forma equilibrada e saudável: trabalho, família e saúde.*
- *Que sou dependente de drogas.*
- *Tenho uma doença terminal.*
- *Faço do meu trabalho a minha maior fonte de realização e felicidade.*
- *Tenho insônia.*
- *Já fui preso.*
- *Sou uma pessoa instável.*
- *Sou uma pessoa inflexível.*
- *Sou uma pessoa que não levo desaforos pra casa.*
- *Faço uso de calmante tarja preta.*
- *Já atropelei uma pessoa.*
- *Para uma pessoa como eu, que se expõe demais, poucas são as coisas que não contaria, principalmente se eu estivesse muito querendo a vaga. Com certeza a minha resposta soaria estranha, mais estranho do que o entrevistador me fazer uma pergunta descabida. Eu ficaria na certa muito arrependida e envergonhada depois.*
- *Aí o assunto rende, já que a hipocrisia rende nas entrevistas de emprego, né?! Como você me conhece bem, sabe que se me perguntassem, eu responderia qualquer coisa, já que sou cara de pau. Vamos lá:*

- ao menos uma vez por ano faço xixi na cama, mas depois que comprei uma capa impermeável, não fiz mais... hahaha
- acho que pessoas muito feias, muito gordas e muito burras deveriam ser eliminadas da terra.
- para mim o Nordeste só serviria para abrigar os presidiários de todo o país.
- deveríamos ter um esquema como na China em que só se pode ter um filho.
- não sei com quantos caras transei.
- acho entrevista de emprego uma grande idiotice.
- Não falaria de problemas financeiros.
- Da traição de meu ex-marido.
- Onde procuro possíveis parceiros...
- Sobre consumo de drogas.
- Que achei e não devolvi algo.
- Fiz de tudo para meu chefe ser demitido.
- Investiguei a vida do meu chefe.
- Menti para faltar no emprego.
- Fui demitido por incompetência, que fiz uma grande bobagem no último emprego.
- Quatro coisas a serem evitadas numa entrevista: masturbar-se, cutucar o nariz, se coçar e soltar pum!
- Que coloco todas as empresas "no pau" quando saio do emprego.
- Que o sapato emprestado da minha amiga está apertando meu pé.
- Tô comendo sua mulher.
- Quero trabalhar aqui porque sei como desviar sua contabilidade.
- Uso dentadura.
- Só faço xixi com a torneira do lavatório ligada.
- Eu costumo ficar excitado quando sou entrevistado por loiras e antes de dormir me masturbo pensando nelas.

- Eu adoro fazer um boneco com a cara do meu chefe ou minha chefa e ficar dando porrada no joão bobo.
- Quando não sou aprovado em uma entrevista, fico esperando pra ver qual é o carro do cara que me entrevistou e no dia seguinte volto e furo os pneus.
- Quando faço entrevista, não uso cueca.
- Detesto acordar cedo.
- Acho um saco ter que ser gentil só para manter o clima do departamento em paz.
- Eu quero que meu colega malandro se foda e que as máscaras caiam, ou seja, adoro ver o circo pegar fogo nos maus funcionários.
- Tenho prisão de ventre.
- Sou esquizofrênico e controlo com medicamentos.
- Sou azarado.
- Sou ex-presidiário.
- Processei uma empresa onde trabalhei.
- Faço trabalhos noturnos na área do sexo.
- Sou ninfomaníaca.
- Sou cleptomaníaco.
- Minha família se suicidou.
- Que eu lavo as mãos umas 30 x por dia... e que eu abro a porta do banheiro com papel. Que eu levanto a tampa da privada com o pé.
- Eu cuspo na privada antes de mijar... no mictório inclusive...
- Gosto de olhar a bunda das gostosas que passam na rua, imaginando o tamanho da calcinha delas.
- Quando estou parado no farol, dentro do carro, olho quem atravessa a passarela e faço uma triagem visual: eu comeria essa... eu bateria na cara daquela... nessa eu passaria reto... e assim vai.
- Quando tem algum mendigo sujo na rua, com pé preto de sujeira e unha grande e preta também de sujeira, eu tenho vontade de vomitar.
- Quando algum pedinte me pede dinheiro na janela do carro, eu sem-

pre falo em algum idioma diferente "que eu não falo português"... eles vão embora rapidinho.
- Tenho mania de grudar chiclete embaixo das mesas dos restaurantes. O guardanapo de tecido sempre cai do meu colo.
- Sofro de gonorreia.
- Meu pai é um travesti.
- Sou dependente químico.
- Adoro comer meleca de nariz escondido.
- Tenho tara por sexo anal.
- Sinto atração por meninos na faixa de 12 a 14 anos.
- Gosto de transar só de luz apagada.
- Sou viciado em pornografia.
- Só consigo fazer coco fumando um cigarro.
- Sou viciado em drogas.
- Sinto vergonha quando as pessoas me olham mais demoradamente.
- Gosto de espiar as janelas dos prédios vizinhos.
- Que só consigo gozar se cuspirem em mim.
- Gosto de andar pelado e de meias pela minha casa.
- Não uso calcinha quando tenho uma reunião importante de trabalho.
- Gosto de passar batom nos lábios do meu sexo e deixar meu namorado beijar.
- Roubo coisas das lojas.
- Falsifico assinaturas muito bem.
- Não pago contas e espero pra negociar e conseguir um bom desconto.
- Gosto de fingir que estou doente pra trabalhar pouco.
- Tenho um caso com um médico que me dá atestados pra poder faltar no trabalho.
- Fumo maconha todos os dias pra suportar ir trabalhar.
- Adoro ver pessoas sendo humilhadas no ambiente de trabalho.
- Gosto muito de invadir o computador das pessoas que considero interessantes!

- *Adoro ver animais transando.*
- *Sou viciado em cheirar álcool, mas só cheirar.*
- *Gosto de transar com meu cachorro, não suporto os homens.*
- *Fico dias sem tomar banho e me encho de perfume.*
- *Gosto de fazer sexo grupal.*
- *Sou travesti nos finais de semana.*
- *Roubo coisas das empresas em que trabalho.*
- *Tenho mania de inventar histórias sobre a minha vida familiar.*
- *Traio meu marido com dois amantes.*
- *Tenho um caso com um chefe que no fundo eu odeio, então quando vou transar com ele (sou obrigada), eu encontro antes meu amante e faço meu chefe fazer sexo oral em mim lambendo o esperma de outro.*
- *Gosto de sexo a três, minha esposa e eu temos uma "namorada".*
- *Minto descaradamente minha idade.*
- *Odeio entrevistadores. Odeio trabalhar seja no que for.*
- *Sou obsessivo, gosto de tudo milimetricamente organizado.*
- *Só penso em trabalho, não tenho mais nada na minha vida pra me dedicar.*
- *Não suporto ver pessoas fazendo sucesso; quando tenho alguma oportunidade, "puxo o tapete".*
- *Detesto pessoas bonitas, sou muito invejosa e quero que elas morram.*
- *Não gosto de pessoas que se destacam no trabalho, assim preciso trabalhar mais.*
- *Sou introvertido e tenho vergonha de me expor, no entanto sou mais analítico e tenho ideias superiores aos demais, mas não consigo expor minhas ideias.*
- *Ganho todas as paradas porque sou puxa saco mesmo! E no fundo um grande líder, pois faço todos trabalharem pra mim sem perceberem.*
- *Adoro enfiar coisas no meu rabo. Passo horas no banheiro da empresa fazendo isso.*
- *Me faço de coitadinha, assim todos têm dó de mim e trabalho menos.*

- *Tenho muita raiva de trabalhar, mas poucos percebem isso, pois procuro ser bem agradável e, quando eu posso, eu faço alguma coisa bem errada pra outra pessoa ser punida, isso me dá muito prazer.*
- *Adoro colar meleca de nariz embaixo das mesas que trabalho, é a minha marca!*
- *Ganho os clientes e os empregos na base da sedução! Sou muito bonita e sei que consigo tudo com minha beleza.*
- *Minto nos currículos sobre minha formação, sendo que nem faculdade eu fiz!*
- *Odeio meu chefe! Faço de tudo pra ele se ferrar! Quanto mais ele me humilha, mais eu saboto a empresa!*
- *Adoro fazer fofoca e colocar uns contra os outros, é meu esporte preferido!*
- *Sou falsa e engano todo mundo com meu jeito bonzinho.*
- *Sou muito ansioso, tem dias que sinto dor de estomago.*
- *Tenho o desejo de acabar com a água do mundo! Moro num edifício em que todo mundo paga a água igual, então todas as noites quando eu chego em casa, eu abro todas as torneiras e deixo a água sair. Quando estou numa empresa que tem banheiro privativo, eu deixo a torneira aberta o dia inteiro.*
- *Com certeza não contaria que não sou tão organizada no controle de minhas finanças.*
- *Que o meu quarto é uma bagunça!*
- *Não contaria que eu tenho uma relação insatisfatória com meus irmãos e, portanto, não tenho uma família unida. E que tenho fibromialgia, porque essa doença pode ser encarada como preguiça.*
- *Uma entrevista de recrutamento é um mecanismo usado para conhecer pessoas estranhas, em curto espaço de tempo, e, praticamente, sem convivência alguma. Por isso, o entrevistador, geralmente um psicólogo, que normalmente é especializado em "ler mentes alheias", com bases nos sinais externos, seja visuais, gestuais ou mesmo pelas suas palavras. O candidato sabe disso e procura, a seu modo, tirar proveito da situação, mostrando seu lado, digamos, mais apreciável pelas outras pessoas. Algo como mostrar um padrão*

de simpatia geralmente aceito pela sociedade. Por isso, estando eu numa situação de "candidato" a uma vaga, eu jamais falaria numa entrevista os seguintes aspectos da minha vida:

- *Que eu tenho uma família constituída nos padrões sociais, mas mantenho um caso amoroso fora do casamento, mesmo sabendo que isso é um fator positivo do meu equilíbrio e da minha performance profissional. Mas...*
- *Nunca diria que estou apaixonado, porque sabe-se que a produtividade de um apaixonado é baixíssima.*
- *Que eu não respeito muito as hierarquias nas empresas para assuntos de consultas e troca de ideias. Eu normalmente acesso todos os níveis da companhia, independente de ser meu chefe imediato ou não, ainda que eu tome o cuidado para não ferir a abrangência de comando do meu superior imediato. Penso que, sendo todos humanos, não há o que me impeça de conversar com quem quer que seja. Mas não falaria isso numa entrevista para um emprego novo.*
- *O que eu não diria em uma entrevista de emprego é da minha ansiedade e afobação quando tenho muitos afazeres e, claro, da minha inata desorganização.*
- *Sou uma mulher muito invejosa, destruo tudo e todos por onde passo e sinto muita satisfação em perceber as pessoas se fodendo.*
- *Nunca sinto nada por ninguém, nem por mim mesmo.*
- *A inveja corrói meu esôfago, meu estômago, minha paz e energia produtiva. Detesto trabalhar com mulheres bonitas e elegantes. Eu quase morro!*
- *Sempre penso na morte de algumas pessoas, detalhe por detalhe. É macabro, mas me diverte e assim passo o tempo.*
- *Nunca posso dizer que passo por cima de todo mundo. Crio intrigas, jogos de sedução, isso me diverte muito porque me faz sentir poderosa.*
- *Sou eternamente apaixonada pelo dono de uma empresa que trabalhei. Ele tem o olhar mais lindo que já vi. Ele é o meu modelo de homem. Depois dele, ninguém mais. Serei eternamente dele!*

- *Sou incapaz de sentir os sentimentos que me cobram pra sentir. Sinto-me um extraterrestre sem conseguir pedir ajuda.*
- *Nunca digo que sou malandro. Que sempre faço os outros trabalharem por mim e sem que eles percebam. Bando de babacas medíocres!*
- *Sou uma mulher jovem, bonita e sedutora. Gosto de coisas caras. Faço o que for preciso pra atingir o meu objetivo e as empresas sempre me apoiam nisso, não descaradamente, claro! E quem está comigo também ganha sempre. Não tenho dó de ninguém. Todo mundo é cruel e aprendi a ser assim também.*
- *Nunca digo pra ninguém que me sinto um bosta.*
- *Trabalho muito porque sou impotente sexualmente.*
- *Procuro um marido ou amante em todas as empresas em que trabalho.*
- *Minha mãe sempre teve inveja de mim. Isso é devastador na vida de uma filha.*
- *Que me sinto não pertencendo a grupo nenhum. Sou uma pessoa solitária.*
- *Torço pras pessoas se ferrarem, sinto prazer quando são humilhadas.*
- *Adoro humilhar os tontos dos funcionários, me divirto vendo a cara de coitados deles.*
- *Como todas as mulheres da minha empresa. Faço uma lista e vou riscando uma por uma.*
- *Só penso em sexo ou sacanagens.*
- *Ninguém nunca me quer. Almoço sozinha quase todos os dias. Sou feia e desinteressante. Sou gorda, pobre e cheiro mal. Sou burra também.*
- *Amo meu chefe em silêncio e com dedicação absoluta. Quando ele toca na minha mão, sem querer, vou para o céu.*
- *Sou um terror. Sempre e o tempo todo. Sonho sempre com lutas e óleo quente nos adversários. Acordo fervendo e supero todas as metas.*
- *Procuro sempre me espelhar nos melhores funcionários da empresa. Gosto de tudo absolutamente perfeito! Sou muito exigente e isso quase me deixa louco!*
- *Nunca conto pra ninguém que invento fofocas. Divirto-me com isso.*

- Sou dedicada e leal, mas fico muito irritada quando estou de TPM.
- Só consigo pensar em trabalho quando NÃO estou trabalhando. Minhas ideias acontecem quando viajo, assisto filmes, leio livros, interajo com pessoas fora da empresa. Na empresa faço apenas o SOCIAL, os relacionamentos de trabalho, mas sei que tem gente que acha que sou apenas "marqueteiro", essas pessoas são invejosas porque não percebem que meu trabalho é especificamente criativo e ideias boas não "nascem" obrigatoriamente no ambiente de trabalho. Aliás, pensando bem, sou a pessoa que mais trabalha pra empresa, afinal, não me desligo nunca!
- Acredito no ditado "olho por olho, dente por dente". Só que ninguém precisa saber sobre isso.
- Odeio meus pais.
- Nunca digo pra ninguém que sou um babaca.
- Adoro olhar quanto tempo as pessoas passam no banheiro da empresa e fico imaginando o que elas estão fazendo lá.
- Eu não tenho vergonha na cara e as pessoas acham que isso é só brincadeira.
- Sou uma pessoa muito insegura, preciso entender melhor o que me explicam. Nestes momentos fico paralisada, surda e gelada.
- Sou alcoólatra e ninguém sabe, nem minha família.
- Passo seis horas por dia na internet, nas redes sociais, lá eu sou REI!
- Meu trabalho voluntário é a minha maior satisfação na vida.
- A inveja me mata! E mata todos que estão a minha volta.
- Não tenho a menor maturidade pra tomar decisões. Como falar isso numa entrevista sem ser prejudicado?
- Sou muito comunicativa e às vezes falo mais do que deveria.
- Sou ardilosa e dissimulada quando preciso. Ninguém me conhece de verdade.
- Sou muito apegada ao meu trabalho. Não tenho marido nem família, infelizmente. Meu trabalho é minha vida.
- Não gosto de tomar banho.
- Adoro fazer coisas erradas e correr risco.

- *Minto o tempo todo. Nem eu confio em mim.*
- *Sou depressiva e faço uso de medicamentos*
- *Sou muito esforçada, mas ninguém nunca reconhece.*
- *Só preciso de um elogio, um simples elogio, pra fazer maravilhas.*
- *Acho que sou muito insegura, mas trabalho direitinho, sem muito glamour.*
- *Nunca conto que não consigo acordar cedo.*
- *Jamais contaria numa entrevista de emprego que trabalho apenas por obrigação e escolhi a carreira de administração pra satisfazer meus pais, gostaria mesmo é de ser ator.*
- *Jamais digo que gosto de tudo muito bem feito, e que "viro" a chata da empresa.*
- *Que gosto de chegar atrasada pra que todos me notem chegando.*
- *Nunca conto que sofro muito por ser muito dedicada e nunca recebi uma promoção.*
- *Que fui despedida pelo Presidente da empresa em que estava trabalhando exatamente no dia em que fiz um aborto, justamente pra poder me dedicar mais à empresa. Estou arrasada!*
- *Quando meu chefe está muito ENFEZADO, eu coloco laxante no café dele sem ele saber, e conto quantas vezes ele vai ao banheiro. Só eu e o resto do departamento inteiro sabe disso, então fazemos um bolão pra ver quem acerta. Sempre torcemos muito pra que ele fique nervoso e grite com a gente, assim nos divertimos bastante.*
- *Guardo cópia de todos os documentos da empresa para chantageá-los.*
- *Sou dissimulado e gosto que todos se fodam!*
- *Detesto entrevistadoras oxigenadas e deliciosas. Quero que todas morram!*
- *Sou muito paciente e até mesmo passiva. Adoro receber ordens. Só sei fazer o que me mandam, sou muito insegura.*
- *Tenho vergonha dos meus cheiros.*
- *Dizem que sou mau caráter. Mas sou feliz!*

- *Não sei dizer não.*
- *Não consigo fazer as mesmas coisas o tempo todo.*
- *Sou instável e perco as estribeiras facilmente. Não me provoque!*
- *Só consigo ser leal se trabalhar para chefes que eu realmente admire.*
- *Adoro me masturbar todos os dias no banheiro da empresa. Cada dia escolho uma pessoa pra ser meu homenageado ou homenageada.*
- *Sou uma pessoa apegada demais à rotina.*
- *Sou chato! Mas todos já sabem.*
- *Não sei dizer não e acabo ficando com todo trabalho pesado. Mas gosto disso.*
- *Não suporto bagunça. Não suporto barulho pra trabalhar.*
- *Tenho mania de roubar coisas nas empresas pra levar para os meus filhos.*
- *Sou obsessiva por organização. Sou detalhista ao extremo. Mas isso parece que não é bom.*
- *Sou uma tonta e todos fazem de mim o que quiserem.*
- *Sou gorda e detesto as magras. Sou simpática, mas quando posso faço maldade com elas todas.*
- *Sou um executivo satisfeito com minha carreira. Sempre fui exigido pra ser o melhor, o campeão. Por todas as empresas que tenho passado eu jogo um jogo em que tenho que vencer. Sou esperto, muito observador. E ninguém sabe nada da minha vida, o que penso ou o que sinto. Aliás, sinto muito pouco, apenas muito prazer quando estou vitorioso. E as empresas incentivam isso, portanto uso apenas da minha ética pessoal pra lidar com esse bando de merdas. Todos jogam o tempo todo e eu acabo com quem cruza o meu caminho, eu venço todas as partidas. Se eu quero, eu consigo.*

A pergunta "O que você não contaria numa entrevista de emprego" gerou um bate-papo numa rede social. Os profissionais opinaram a respeito de como encaram os limites entre vida pessoal e vida profissional numa entrevista de trabalho.

Segue a reprodução na íntegra da conversa. Tire suas conclusões.

- *Hoje aprendi que vida pessoal não pode se misturar à carreira profissional. As pessoas interpretam mal. Infelizmente, o profissional hoje precisa ter experiência, qualificação, habilidades e não pode ter problemas de espécie alguma, pois eles acreditam que a pessoa não terá comprometimento com a empresa. É uma pena, mas existem coisas que devem ser omitidas.*
- *Não acredito que possamos separar a vida em pessoal e profissional. Temos sim comportamentos distintos, até em razão de formalidades. Porém isto ocorre na vida, independente do pessoal ou profissional. Portanto, não deixaria de contar absolutamente nada.*
- *Caraca... sério? Sua vida é um livro aberto? Na boa... desculpa, não quero ironizá-lo, mas nesse mundo de RH... que é algo suspeito... sei lá... se cuida... as pessoas julgam...*
- *Concordo com você, perdi um processo seletivo por abrir demais minha vida pessoal. As pessoas acabam sendo pré-julgadas e, na realidade, todos nós temos problemas, afinal somos seres humanos.*
- *É sério! Aprendi que mesmo sendo "um livro aberto" encontro dificuldades para me manter nos lugares que gosto. Porém, se não for "um livro aberto", esta dificuldade é maior, muito maior. Por esta razão prefiro superar minhas dificuldades sendo eu mesmo. É mais fácil suportar as frustrações e também quando necessário adaptar-me. Sinto-me mais seguro se deixo as pessoas, amigos e colegas, mais seguros. E fique tranquila, entendi seu comentário e não o julguei como irônico. Sabe as pessoas irão te julgar sendo ou não "um livro aberto", mas o importante é como você se julga. Enquanto tiver dificuldades para se aceitar, como espera que os outros te aceitem?*
- *Estamos falando de competição onde não há nenhuma fraternidade, como temos com nossos amigos. Se você nesses momentos se revela numa competição onde você está sendo avaliado o tempo todo, acho mesmo arriscado. Ser honesto com você mesmo é o ideal sempre, mas nem por isso eu tenho que ficar me expondo numa situação que estamos falando aqui: seleção, competição. Bonito tudo a que*

você se refere, mas junto com a minha família, amigos, coisas do tipo. Dificuldade para me aceitar é um papo para terapia, psicologia. Se eu percebo em mim características que podem me derrubar numa seleção, e eu precisando desesperadamente daquela vaga, vou sair me abrindo? Então, concordo com você, é melhor me aceitar e nem participar daquele momento, porque sei que vai ser ruim para mim. Há funções, sabendo das características do perfil, que não perco meu tempo de me arriscar. Ai eu concordo com você. Mas não me candidato. Mas daí a ser um livro aberto... contando tudo: sinceramente... meus 52 anos já me dizem: calma! Tira o pé do acelerador... Na boa, viu?

- *Concordo com você, as pessoas julgam. Acho desnecessário abrir a vida pessoal, pois o RH sabe que está contratando um ser humano que vai trazer seu conhecimento, sua experiência e sua garra para a empresa, mas que vai ter seus problemas pessoais; cabe a nós profissionais não deixá-los influenciar nosso trabalho. Vale lembrar que o dono da empresa tem problema pessoal, o gerente idem, o gestor de RH idem... E por aí vai. No trabalho tem pessoas criativas que mantêm uma vida pessoal rotineira. Profissionais fiéis que traem os cônjuges. Pais carinhosos que como chefes são verdadeiros generais. Cônjuges ciumentos, porém profissionais generosos. E acho que exatamente aí é que o profissionalismo acontece, com a consciência do que é profissional e pessoal e saber se colocar em cada ambiente.*

- *Acredito que falar da vida pessoal pode não ser uma boa opção, já ouvi relatos de amigos que viveram esta experiência e foram julgados da seguinte forma: qualquer problema pessoal que o candidato tiver, a empresa virá em 2°, 3° ou 4° plano, isso se assim vier. Sou uma pessoa bastante transparente e sincera, mas já ouvi também de entrevistadores da área de RH para evitar algumas situações e conduzir de outra maneira algumas respostas, como por exemplo, não falar mal da empresa na qual trabalhou, mesmo em circunstâncias mais obscuras ou não dizer que não conseguiu se adaptar à empresa devido a ser muito engessada, entre outras circunstâncias.*

- *O tal "livro aberto" tem limite sim! E estou considerando todas as hipóteses. Numa entrevista de que participei logo que voltei para o Brasil, a conversa desenrolou após perguntarem se eu era casada. Comentei que meu marido ainda estava no exterior e que voltaria em alguns meses. A entrevistadora perguntou se eu estava passando por uma separação?! A pergunta era mesmo necessária? Faria alguma diferença?*
- *Não concordo que a vida profissional e a pessoal se misturam. Elas correm paralelamente. E acho que é exatamente aí que o profissionalismo acontece, tendo consciência do que é profissional e pessoal e sabendo se colocar em cada ambiente.*
- *Penso ser totalmente desnecessário comentar qualquer coisa da nossa vida pessoal. Porém, por óbvio, é fundamental que se responda, a quem está recrutando, todas as perguntas que forem feitas, independentemente do nível que for. É essencial, também, que o entrevistado tenha a habilidade e experiência em respondê-las, sem que se exponha ou comente além do que foi perguntado. Preferencialmente, monossilabicamente, quando se tratar de assuntos pessoais, familiares ou delicados... A discrição e reserva deve prevalecer sempre.*
- *Abro minha vida pessoal parcialmente.*
- *Naquela entrevista em que a recrutadora me perguntou se eu era casada e eu respondi que tinha um relacionamento estável, achei que ela pararia por aí, mas não, ela se interessou pelo assunto. Lá fui eu explicar que estou com alguém há cinco anos e que compartilhamos tudo, inclusive casa, porém que cada um mora na sua. O comentário da recrutadora foi: "nossa, como você é moderna". Achei o cúmulo, a minha vida pessoal é problema meu, e esse fato nunca interferiu em minha vida profissional, ao contrário, acho que até ajuda. Depois dessa situação, a resposta é: "sou solteira" ou "namoro".*
- *Isso é cada dia mais comum e nós temos que passar por tudo isso. É difícil, mas temos que omitir muitas coisas mesmo. A sinceridade só nos afasta de tudo e de todos.*

- *Esse caso faz-me lembrar de um livro: "Como dizer não sem se sentir culpado"... No entanto, se achar alguma pergunta pessoal relevante e pertinente, responda-a monossilabicamente (como foi sugerido no depoimento anterior) demonstrando sua natural confiança e, imediatamente, com habilidade, reconduza a entrevista ao devido foco...*
- *Algumas perguntas são até pertinentes, as respostas creio que devam ser objetivas, atendendo ao que for perguntado, acho que mentir ou omitir é uma péssima escolha, porém o recrutador deve ter em mente que está contratando "o profissional", e que deve estar preocupado em recrutar o melhor para a empresa. A vida pessoal deve ser administrada pelo candidato, e por isso acho que a objetividade limita o aprofundamento nas questões de cunho pessoal... Procurar direcionar as respostas, como as da vida pessoal, não vai atrapalhar no profissionalismo, é uma saída...*

CAPÍTULO 5

Sugestão

Generosidade real para o nosso futuro
consiste em dar tudo para o presente.
Albert Camus

- *O que mudar numa entrevista de emprego, num processo seletivo, nas nossas vidas?*

Escrevemos este livro para alertar o leitor para o fato de que enfrentamos problemas pessoais e PROFISSIONAIS cuja solução está escondida justamente dentro de nós mesmos.

Enfrentar problemas faz parte da nossa existência humana. Não temos como evitar. Como diz o Alfredo do conto "Não Aguento Mais: Nunca Mais!":

"É incrível como tudo, absolutamente tudo, é impermanente!"

Mas podemos fazer nossas vidas muito menos complicadas se deixarmos de considerar nossas produções mentais como "esquisitices". Elas podem ser exatamente as dicas que estamos precisando para solucionar nossos problemas cotidianos. Inclusive os profissionais.

Por considerá-las esquisitices, vamos guardando-as, escondendo-as, empurrando-as cada vez mais lá para o fundo, e os problemas vão aumentando, ficando crônicos e intransponíveis. Veja o caso desta pessoa:

"A inveja corrói meu esôfago, meu estômago, minha paz e energia produtiva. Detesto trabalhar com mulheres bonitas e elegantes. Eu quase morro!"

Alguém tem ideia da dor (inclusive física) que contém este depoimento triste e, ao mesmo tempo, tão corajoso? Como será conviver profissionalmente com este tipo de "colega de trabalho"?

Este é um conteúdo secreto muito sério, mas relativamente fácil de resolver.

Basta uma compreensão profunda do hábito. Precisamos entender a natureza desse hábito mental que, embora imaginário, nem por isso deixa de ter consequências dolorosas.

A tese que defendemos neste livro é que, quando examinamos nossos conteúdos secretos e os relacionamos com os problemas que enfrentamos no dia a dia, estes mesmos conteúdos que, escondidos, parecem ser produção mental inútil, mostram-se verdadeiras "chaves" que abrem nossas mentes para as soluções que vínhamos procurando.

Do mesmo modo este livro propõe que reconsideremos o modo como fazemos recrutamento e seleção. Os métodos que utilizamos para recrutar e selecionar, embora tenham evoluído através dos anos, de fato, continuam iguais.

Conversamos com o requisitante identificando seu ideal, registramos sua necessidade. Analisamos o histórico do candidato, sua experiência técnica, e checamos seu ideal de trabalho. Aproximamos as duas idealizações para que ocorra a contratação. Acertamos sim. Mas erramos muito também.

O duro dos erros é que causam muito sofrimento. Sofre quem seleciona. Sofre quem passa pela seleção. Sofre quem contrata. Sofre quem treina. Sofre quem demite e gasta dinheiro com todo esse sofrimento. Então, está na hora de encontrar melhores maneiras de realizar esse processo.

Nos contos, em vários, ficou claro o quanto tudo isso é doloroso. Você pode estar pensando que os contos são literatura, que é tudo imaginação. É verdade. Mas de onde brota este imaginário todo? O conteúdo dos contos reflete as experiências dos autores, a experiência dos seus conhecidos, seus clientes, as leituras, a cultura empresarial, etc. Todos atestam que há um lado lúdico e prazeroso nesse processo e que também existe outro lado, muito maior, recheado de angústia, sofrimento e ineficácia.

E comprovando o fato de que é preciso mudar tudo isto, citamos uma frase de um executivo anônimo de uma multinacional de enorme sucesso. Pasme!

"Acho entrevista de emprego uma grande idiotice."

O que este comentário está apontando é o hábito muito conhecido por todos nós de dizer o que interessa no momento, tendo em vista um objetivo imediato e, depois, tendo em vista os objetivos mais profundos, nos remoermos e mergulharmos na insegurança ou no desencanto. Vale tudo na hora de admitir ou ser admitido. Mas no dia a dia do convívio profissional o vale tudo significa desconforto, insegurança, desconfiança, frustração... Daí para pior.

Tendo em vista a felicidade – e consequentemente a produtividade, torcemos por uma grande mudança no modo como selecionamos pessoas, quer dizer, principalmente no modo como convivemos.

Sem dúvida alguma, como mostram os depoimentos, o modo como fazemos hoje incentiva o cinismo. Ambos, o contratante da vaga e o profissional em busca de colocação, se obrigam a uma comunicação idealizada.

Isto fica muito claro no primeiro capítulo deste livro que responde a pergunta "O que o headhunter gostaria de ouvir de um candidato". A resposta ironiza as projeções bilaterais típicas do cotidiano do recrutamento e seleção.

Ambos os lados sabem não serem estas projeções totalmente verdadeiras ou possíveis. Da mesma forma, na leitura dos relatórios de entrevista, em contraste com os contos, fica estampado, como preto no branco, o funcionamento deste jogo projetivo.

Para quebrar a dinâmica projetiva e tornar o trabalho de R&S mais efetivo, é preciso melhorar a qualidade da mente dos participantes, incluindo dos contratantes, claro!

É preciso abandonar toda a espera por soluções mágicas e validar nossas produções secretas. Deste modo, com sabedoria, colocamos o imaginário para trabalhar a nosso favor.

Resumindo, é preciso lembrar que não é especificamente a técnica de selecionar profissionais que deve ser transformada. É a qualidade da mente dos envolvidos no processo seletivo que deve estar na nossa mira!

Vamos nessa? Experimente!

Compartilhe conosco seus resultados, suas dúvidas e sugestões pelo site:

http://www.duranteoexpediente.com.br

Posfácio

Richard Sennett, em seu livro A Corrosão do Caráter, afirma de forma categórica que: "o fracasso é o grande tabu moderno". O profissional do século XXI, especialmente o que atua no mundo corporativo, é pressionado, a partir de diversos mecanismos, a buscar o sucesso a qualquer custo. Fracassar não é uma opção. Mas, o sucesso tem uma cara, um jeito de ser, uma forma de se vestir e de falar, uma aparência e comportamentos que já estão prescritos pela cultura corporativa. Por essa razão, ele, o profissional, acaba criando um personagem de si mesmo.

Vivi esse mundo por cerca de 30 anos. Aderi a ele e também tive o meu personagem. A maturidade me ajudou a refletir e me deu coragem para fazer escolhas que não constavam daquele receituário de "sucesso". Fiz curso de teatro, montei uma banda, gravei um CD, virei consultorde imagem e coach, voltei a estudar, conclui um mestrado em Comunicação e Práticas de Consumo, dei mais tempo para mim e minha família. Não deixei completamente o mundo executivo, mas passei a valorizar e a viver a vida secreta que sempre quis ter. Na prática, descobri que todos, na verdade, buscam o sucesso. Só que o único sucesso que realmente vale a pena é aquele que nos faz feliz.

Essa mesma coragem teve Suely Cândido, não só por escrever um livro, mas principalmente porque deixa de lado as obviosidades, brinca com nossa curiosidade e revela com um toque refinado de humor, aspectos pouco explorados da vida profissional.

FRANCISCO MITRAUD é Mestre em Comunicação e Práticas de Consumo pela ESPM, pós-graduado em Administração, graduado em Direito, músico, ex-executivo.

Impressão e acabamento
Imprensa da Fé